Bajram Leka

Kurs in Liebe

Bajram Leka

Kurs in Liebe

Ein Weg zur Meisterschaft im Alltag

KOHA

1. Auflage: November 2010
Lektorat: Birgit-Inga Weber
Gesamtherstellung: Karin Schnellbach
Druck: CPI Moravia Books
ISBN 978-3-86728-148-5

Inhalt

In Liebe und Dankbarkeit
widme ich dieses Buch
meiner Mutter Kumrije und
meinem Vater Ramiz
sowie meinen beiden Söhnen
Marius und Arian.

Vorwort

»Die Weisheit ist nur in der Wahrheit«, heißt es in Goethes Sprüche in Prosa. Weisheit kann man sich nicht anlesen, fabrizieren oder herbeifantasieren. Sie muss gelebt werden. Hier und jetzt. Wahrheit erfordert Mut.

So habe ich Bajram über die Jahre erfahren: Mutig setzte er sich für die Wahrheit ein. Dabei schaute er nicht auf eigene Vorteile. Tatkräftig schuf er im Seminarhaus Lichtquell einen Ort, wo Menschen der wahren Verbundenheit mit dem Göttlichen in der Natur und im eigenen Herzen näher kommen können. So konnte sich das »Lichtquell« in Todtmoos im Schwarzwald zu einem ganz besonderen Ort entwickeln – zu einer Licht-Quelle für Menschenseelen.

In welchem Jahr ich das erste Mal in dieses Haus kam, weiß ich nicht mehr genau. Es war wohl Mitte der Neunzigerjahre. Ein schönes, großes Seminarhotel, gebaut im traditionellen Schwarzwälder Stil, umgeben von hohen Fichten und einigen lichten Birken, an ei-

nem Hang mit Naturweide, voller schöner Wiesenblumen, Waldgamander und würzig duftender Bärwurz.
Die Begrüßung war freundlich. Überhaupt machte die ganze Crew einen angenehmen Eindruck. Unter ihnen war ein netter junger Mann, der fleißig Betten bezog, Toiletten putzte, Geschirr spülte und dennoch für jeden ein freundliches Wort hatte. Es machte Spaß, ihm zuzuhören, er hatte Witz und sein Deutsch war (damals) köstlich. Er kam aus dem Kosovo und hieß Bajram Leka.
Seit 2002 trägt Bajram die Verantwortung für das Haus. Er führt es gut und – davon bin ich überzeugt – rettete es vor dem Untergang: dank seiner Vernunft und seinen mutigen Entscheidungen.
Das vorliegende Buch ist eine Schatztruhe voller Lebensweisheiten. Bajram gibt uns kleine Einblicke in sein Leben. Und da erkennen wir: Diese Weisheiten sind auf harten, entbehrungsreichen Lebenserfahrungen gegründet. Dankbar teilen wir sie mit ihm.

Dr. Wolf-Dieter Storl

Einleitung

Seit ich mich erinnern kann, war es mein inniger Wunsch, ein Buch zu schreiben. Das Bedürfnis, die Erfahrungen meines bisherigen Lebens mitzuteilen, wurde immer stärker.
Durch Gespräche mit den vielen Menschen, die mir in meinem Leben begegnet sind – vor allem auch hier im »Haus Lichtquell« –, hatte ich das Gefühl, seelisch und geistig reifer geworden zu sein.
Immer wieder sprachen mich Gäste an, wann ich denn endlich ein Buch über meine Erlebnisse schreiben würde. Die Frage war nur »wie?«.
Eines Tages erzählte ich Claudia von meinem Traum. Sie meinte gleich: »Ja klar, das machen wir!« Ich freute mich über ihr Interesse und begann zu erzählen …
An die Kapitelanfänge stelle ich jeweils ein Gedicht oder einen schönen Sinnspruch. Ich liebe es, solche Gedanken meditierend in meinem Herzen zu bewegen!

Sollten wir irrtümlich eine falsche Quellenangabe übernommen haben, geschah das ohne Absicht. Für ein paar der ausgewählten Zitate ist uns kein Verfasser bekannt.
Es wäre schön, wenn ich dir mit der einen oder anderen Anregung, die ich in diesem Buch erwähne, eine zusätzliche Sichtweise ermöglichen würde.

Glück

Glück ist gar nicht mal so selten,
Glück wird überall beschert,
vieles kann als Glück uns gelten,
was das Leben uns so lehrt.

Glück ist jeder neue Morgen,
Glück ist bunte Blumenpracht,
Glück sind Tage ohne Sorgen,
Glück ist, wenn man fröhlich lacht.

Glück ist Wärme, wenn es kalt ist,
Glück ist weißer Meeresstrand,
Glück ist Ruhe, die im Wald ist,
Glück ist eines Freundes Hand.

Glück ist niemals ortsgebunden,
Glück kennt keine Jahreszeit,
Glück hat immer der gefunden,
der sich seines Lebens freut.

Clemens von Brentano

Geboren bin ich in einem ganz kleinen Dorf im Kosovo, im Grenzbereich zu Serbien. Damals war unser Land noch einheitlich: das einstige Jugoslawien. In diesem Dorf gab es nur ein paar Häuser. Wir hatten weder Strom noch fließendes Wasser. Ich wuchs in einer Großfamilie auf, mit sechs Brüdern und zwei Schwestern. Eigentlich waren wir zehn Kinder, aber der Erste war als Baby gestorben.
Weder mein Vater noch meine Mutter konnten lesen oder schreiben. Wir lebten von der Landwirtschaft und hatten ein paar Kühe, Ziegen, Hühner und einen Esel. Meine Eltern mussten sehr hart arbeiten, um die Familie versorgen zu können. Schon als kleine Kinder halfen wir ihnen bei der Feldarbeit.
Wann ich genau geboren bin, kann ich leider nicht sagen. Mein offizielles Geburtsdatum liegt zwar im Februar, aber meine Mutter ist davon überzeugt, dass ich im Herbst auf die Welt kam. Da konnte es mein Vater jedoch nicht einrichten, den weiten Weg von fast dreißig Kilometer zu Fuß zurückzulegen. Es war die Zeit der Ernte, die eingebracht werden musste. Ihm war nur wichtig, dass ich gesund war. Das Bürokratische konnte man später erledigen.
An die ersten fünf Jahre meines Lebens kann

ich mich kaum erinnern. Als Kleinkind habe ich auch nicht geredet. Erst mit fünf begann ich zu sprechen. Warum so spät? Nicht einmal meine Mutter kannte den Grund. Ich wunderte mich, wie ich überhaupt zurechtgekommen war, so ganz ohne reden. Sie erzählte mir, wenn ich Hunger hatte oder etwas wollte, versuchte ich mich mit Händen und Füßen verständlich zu machen. Sie verstand meine Sprache, auch ohne Worte.
Als ich mit ungefähr acht Jahren meine Mutter fragte, wie ich zu ihnen gekommen war, gab ich mich mit ihrer Antwort zufrieden, sie habe mich unter einem Lindenbaum gefunden. Das habe ich auch lange geglaubt, da meine Geschwister im Maisfeld, im Weizenfeld oder im Wald gefunden wurden. Erst als mein um einige Jahre jüngerer Bruder zur Welt kam, bestätigte sich mein Verdacht, dass das Kinderkriegen doch irgendwie anders läuft.
Als Siebenjähriger zog ich mit meiner Familie in die Stadt. Mein Vater wollte nicht, dass wir länger dem harten Leben auf dem Land ausgesetzt waren. Er wollte uns die Chance geben, eine gute Schule zu besuchen, damit aus uns etwas werden konnte.
Die Jahre in der Stadt waren allerdings nicht

einfach. Mein Vater musste als Maurer weiterhin hart arbeiten, um uns zu ernähren. Darüber hinaus fehlte die Landwirtschaft, sodass wir viele Lebensmittel kaufen mussten. Auch Fernseher gab es keinen.

Mein Vater hatte für uns ein Haus mit dreieinhalb Zimmern gebaut sowie einen kleinen Schuppen fürs Holz, damit es im Winter trocken blieb. Ein Raum war für unsere Eltern, der Rest für uns. Wir haben die Zimmer unter den Geschwistern aufgeteilt: eines für die Mädchen, das andere für uns Jungs.

Obwohl wir nicht im Wohlstand lebten, fehlte es uns an nichts. Wir hatten genug zu essen und zu trinken. Ungefähr einmal im Monat gab es ein Huhn – ein Festtag für uns! Huhn mit Reis – das liebe ich noch heute. Für uns Kinder war es immer spannend, wer nun welchen Teil des Geflügels bekam.

Mein Vater war es, der das Essen verteilte. Je nachdem, wie wir uns am Tag verhalten und wie sehr wir geholfen hatten, verdienten wir das entsprechende Stück. Jeder hoffte natürlich, das Beste abzubekommen. Aber letztendlich waren wir doch immer wieder alle glücklich. Sogar das Essen machte in unserer großen Familie Spaß.

Wenn wir abends ins Bett gingen, wussten wir, wovon wir müde waren: entweder von der Feldarbeit oder vom langen Spielen mit unseren Freunden. Wir verbrachten fast die ganze Zeit im Freien und spielten Indianer, Fußball oder was uns sonst so einfiel.

Seit ich mich erinnern kann, haben wir uns in der Familie gegenseitig unterstützt. Im Grunde war es uns als Kinder egal, wie viel Geld wir hatten. Hauptsache, wir hatten ein Dach über dem Kopf und keinen Hunger. Wir haben so viel gelacht, so viel gespielt. Es war eigentlich alles da.

Heute ist mir richtig bewusst, wie wertvoll diese Zeit war. Welch eine glückliche Kindheit ich hatte! Mein Vater und meine Mutter haben mir eine wertvolle Botschaft mit auf den Weg gegeben: »Du kannst das, du schaffst das, und wir haben dich lieb!« Für mich war es ein Segen. Bis heute hat mich ihr Zuspruch geprägt. Ich danke meinen Eltern von ganzem Herzen.

In meiner Kindheit durfte ich die Leichtigkeit, Freude, Einfachheit und Natürlichkeit des Lebens erfahren. Wie schön das Leben sein kann, auch ohne materielle Dinge! Nach außen hatten wir nicht viel, aber wir hatten uns.

Das war ein wunderbares Gefühl. Die Liebe und Geborgenheit in der Familie waren uns sicher.
Als ich vor achtzehn Jahren das erste Mal nach Deutschland kam, war ich fasziniert von der Schönheit der Natur, der Sauberkeit der Straßen und Städte, den wunderbaren Häusern, den flotten, gepflegten Autos und den hübschen Gärten. Für mich schien alles so prächtig. Ich freute mich sehr darüber. Innerlich stieg das Gefühl auf: »Mensch, toll, die Leute hier haben es so herrlich – die leben wirklich im Paradies!«
Erst nach Jahren, als ich anfing, Deutsch zu sprechen, und mit den Leuten Gespräche führte, merkte ich, dass dem nicht so war. Der äußere Glanz täuschte.
Immer wieder erlebte ich, dass die Menschen zwar sehr viel Wissen und materielle Güter – wie schmucke Häuser und Autos – besitzen; trotzdem wirkten sie nicht glücklich. Ich hatte das Gefühl, als fehlte ihnen etwas. Werte wie Liebe, Freude, Dankbarkeit und Geborgenheit kann man halt nicht mit Geld kaufen.
Wir meinen, wir müssten immer mehr haben. Wir glauben, Reichtum mache uns glücklich. Wenn wir nur genug Geld hätten, ein nettes

Haus oder ein neues Auto, ja dann wären wir glücklich. Aber Reichtum macht nicht glücklich, er macht nur süchtig. Letztlich ist es die Sehnsucht, endlich einmal genug zu haben und sich das leisten zu können, was wir möchten.
Wer alles, was er sieht, besitzen muss, belastet sich damit selbst. Sein Haus wird vollgestopft mit unnützen Dingen, die er überhaupt nicht braucht und die ihn auf Dauer kein bisschen glücklicher machen. Er ist weiterhin auf der Suche nach Glück. Die Dinge jedoch zu lassen, die ich sehe, und mich darüber zu freuen, ohne sie besitzen zu wollen, das ist der Weg zu innerem Reichtum.
Oft merken wir gar nicht, was um uns herum ist. Wir sind so sehr mit unseren Gedanken beschäftigt, dass wir die Schönheit um uns herum und das Glück, das zum Greifen nahe ist, überhaupt nicht wahrnehmen. Wir suchen es anderswo: in unserer Vergangenheit oder Zukunft, in unseren Träumen oder in selbst erschaffenen Illusionen. Die Voraussetzung, Glück zu erfahren, ist jedoch das Aufwachen. Nur wer aufwacht und die Augen aufmacht, kann wahrnehmen, was ist.
Wenn wir dafür offen sind, finden wir in der Natur überall Momente des Glücks. Die Natur

macht es uns vor. Eine Blume blüht, ohne nach dem Warum zu fragen. Glück ist reines Sein.
Draußen in der Natur fällt es uns leichter, uns selbst zu vergessen und mit unseren Sinnen die ganze Schönheit wahrzunehmen.
Die meisten Menschen brauchen einen Grund, um glücklich zu sein. Wer jedoch ganz in dem aufgeht, was er gerade tut, der ist glücklich. Es geht um die Fähigkeit, einfach da zu sein, ohne über sich nachzudenken. Nur wahrzunehmen, was in mir ist und was um mich herum ist.
Viele warten auf das große Glück und sind enttäuscht, dass es ausbleibt. Bei ihrer Suche nach dem großen Glück übersehen sie aber die vielen kleinen Freuden, die auf dem Weg ihres Lebens bereitliegen. Meistens sind es die kleinen Dinge des Alltags, die uns glücklich machen. Sei es die Begegnung mit einem freundlichen Menschen, der Duft einer Blume, den wir genießen, oder das bewusste Nachspüren, wie die Sonne uns wärmt.
Wir können noch so weit fahren, um das Glück zu suchen. In der Fremde werden wir es nicht finden – weder bei anderen Menschen noch im Beruf, weder im Erfolg noch im Reichtum. Alles, wonach wir uns sehnen, liegt bereits in uns.

Wenn du das Glück nicht in deinem Herzen spürst: In der Welt des Besitzes und des Erfolges wirst du es nicht finden. Du wirst nie genug besitzen, nie genügend beachtet werden, nie so viel Erfolg haben, dass du glücklich bist. Denn das Glück wohnt in deiner Seele.

Glück ist Ausdruck erfüllten und sinnvollen Lebens. Wenn ich mit allen Sinnen lebe und ganz im Augenblick bin, im Einklang mit mir selbst, dankbar für das Leben, das mir geschenkt ist, dann bin ich glücklich.

Doch Glück kann ich nicht festhalten – ebenso wenig wie das Leben. Täglich kommen neue Erfahrungen auf uns zu, die uns zu schaffen machen, seien es Krankheiten, Missverständnisse oder Konflikte.

Glück heißt nicht, dass ich in einer heilen Welt lebe. Licht und Dunkel, Freude und Schmerz gehören zu unserem Leben. Erst wenn wir diese Gegensätzlichkeit annehmen, haben wir die Voraussetzung dafür geschaffen, glücklich zu sein.

Ich muss mich so lieben, wie ich bin – auch mit meinen Grenzen und Schwächen. Dann bin ich im Einklang mit mir selbst. Dann bin ich glücklich.

Heilung

Ich glaube, dass Krankheiten Schlüssel sind,
die uns gewisse Tore öffnen können.
Denn ich glaube, es gibt gewisse Tore,
die nur die Krankheit öffnen kann.

André Gide

Als Kind durfte ich in einer Familie aufwachsen, in der Heilarbeit zu den natürlichsten Fähigkeiten gehörte. In unserem kleinen Dorf gab es weder einen Arzt noch eine Krankenschwester. Das nächste Krankenhaus war fünfzig Kilometer entfernt. Ohne Auto war es schwierig zu erreichen. Da wir als Transportmittel nur Esel oder Pferde hatten, waren wir darauf angewiesen, uns zu Hause selbst zu helfen.

Meine Oma und meine Mutter konnten zwar weder lesen noch schreiben, doch mit Heilkräutern kannten sie sich sehr gut aus.

Als Kind hat es mich fasziniert, mitzuerleben, wie die Menschen mit ihren Beschwerden und Nöten zu den beiden Frauen kamen: Kurze Zeit nach der Behandlung durch meine Oma oder meine Mutter litten sie weniger Schmerzen. Freudig und dankbar konnten die Kranken heimwärts ziehen und wieder ihrer Arbeit nachgehen.

Wir bekamen dafür ein paar Äpfel, Eier oder eine Schale Bohnen und ganz selten, wenn jemand genug Geld hatte, auch eine Banknote. Es war eine Selbstverständlichkeit, anderen zu helfen.

Meine Mutter behandelte auch viele Kinder, indem sie ihre Hände auf deren Kopf legte. Die zuvor beinahe unaufhörlich schreienden Kleinen beruhigten sich dann.

Später fragte ich einmal meine Mutter, wie sie das mache.

»Das ist die göttliche Liebe, die durch unsere Hände fließt«, antwortete sie. »Die Kraft der Liebe heilt alles.«

Ich habe den Eindruck, in unserer westlichen Welt ist aus der Heilarbeit eine Wissenschaft geworden. Eigentlich hat jeder von uns die Fähigkeit zu heilen und wendet sie auch unbewusst an: Tut uns der Kopf weh oder schmerzen

unsere Augen, legen wir intuitiv unsere Hände darauf.
Die Wirkung dieser Heilkraft, die jeder in sich trägt, durfte ich durch eine zunächst schwere Augenkrankheit bei mir selbst erfahren: Jeden Abend vor dem Einschlafen rieb ich meine Hände, bis sie warm wurden, und legte sie auf meine Augen. Nach ein paar Monaten ging ich zur Kontrolle zum Augenarzt. Er war überrascht und konnte es gar nicht glauben: Meine Sehkraft hatte sich um zwei Dioptrien verbessert. Du kannst dir vorstellen, wie froh und dankbar ich war!
Schon lange hatte ich um ein Zeichen gebeten, wie ich Menschen helfen könnte. Nun sah ich dieses Erlebnis als Bestätigung, dass auch ich über diese Heilkräfte verfüge. Ich begann nicht nur mir selbst, sondern auch meinen Kindern und Freunden zu helfen – egal, ob es sich um Kopfschmerzen oder Rückenprobleme handelte.
Bei der Heilung geht es darum, dass wir frei werden, leer sind und keine Erwartungen haben. Es ist wichtig, alles loszulassen, damit die göttliche Heilenergie fließen kann. In Wahrheit ist nichts anderes nötig, als dass wir uns mit der Quelle verbinden. Je intensiver wir verbunden

sind und je freier wir sind, desto stärker wirkt die Heilkraft.
Dies ist ein großes Geschenk der geistigen Welt. Jeder von uns hat es mit auf den Weg bekommen – zunächst um sich selbst zu helfen, aber darüber hinaus auch den anderen. Es ist die Kraft der Liebe, die alles heilt. Lasst uns Liebe geben, lasst die Liebe fließen, lasst uns die Liebe leben. Die Quelle der Liebe ist in unseren Herzen.

Probier es aus: Wenn du zum Beispiel Bauchschmerzen hast, leg deine Hände auf deinen Leib. Du wirst fasziniert sein. Es funktioniert wirklich.
Heilung kann auf geistiger, körperlicher oder seelischer Ebene erfolgen. Manchmal geschieht sie nur durch ein Wort, eine wohltuende Musik oder eine liebevolle Berührung. Ohne etwas bewusst bewirken zu wollen, kommt es dank der Kraft der göttlichen Liebe zu Heilung.

Vertrauen

Wenn es einen Glauben gibt,
der Berge versetzen kann,
so ist es der Glaube an die eigene Kraft.
In dem Maße,
in dem wir an uns glauben,
stärken wir unser Selbstvertrauen.

Marie von Ebner-Eschenbach

Mit ungefähr fünfzehn, sechzehn Jahren half ich meinem Vater beim Häuserbauen. So konnte ich etwas Taschengeld verdienen. Als Gymnasiast war das eine tolle Gelegenheit für mich.

In Erinnerung blieb mir dabei aber etwas viel Wichtigeres. Mein Vater wollte mir beibringen, wie man mauert. Mir kamen natürlich Zweifel, ob ich das überhaupt kann. Er aber sagte zu mir: »Bleib ruhig, du kannst das und du schaffst das auch.«

Er nahm mich zur Seite und zeigte mir ein paarmal, wie es geht. Und tatsächlich, von da an konnte ich mauern. Es war ein tolles Gefühl, zu sagen: »Ja, ich kann das!«, und: »Ja, ich schaffe das!«

Solche Erlebnisse kommen mir noch heute zugute. Sie bildeten einen starken Rückhalt für mich und prägten mein ganzes weiteres Leben. Heute ist mir so richtig bewusst, wie wichtig es ist, Selbstvertrauen zu haben. Wenn wir Selbstvertrauen haben, haben wir auch Gottvertrauen. Und nur wenn ich mir selbst vertraue, kann ich auch anderen vertrauen.

Als Kind sind wir auf das Lob und die Bestätigung unserer Eltern, Lehrer oder anderer Erwachsener angewiesen. Die bestärkende Botschaft »Du kannst das, du schaffst das, und ich hab dich lieb!« halte ich für das Wichtigste, was man als Vater seinen Kindern mit auf den Weg geben kann.

Macht euren Kindern Mut und sagt ihnen, dass ihr sie liebt – egal, wie alt sie sind und ob sie euren Vorstellungen und Erwartungen entsprechen.

Jetzt bin ich selbst erwachsen und habe die Möglichkeit, mir in schwierigen Phasen des Lebens, in Zeiten starken Zweifels, selbst Mut

zuzusprechen und mich aufzubauen. Dadurch fällt mir das Leben viel leichter und ich schaffe vieles, das ich selbst nicht für möglich gehalten hätte.
Und daher stärke dein Selbstvertrauen und traue dich, dein Leben so zu leben, wie du es für richtig hältst. Wenn du auf dich selbst vertraust, wirst du erstaunt sein, zu welchen wertvollen Leistungen du fähig bist.
Es fasziniert mich immer wieder, dass heutzutage sehr viele junge Menschen bereits eine hohe geistige Reife haben. So berührte mich auch ein Gespräch mit meinem sechzehnjährigen Sohn Marius. Er erzählte mir: »Papi, heute haben Arian und ich zwei Stunden lang Basketball gespielt. Eigentlich war ich dann körperlich erschöpft, aber mein Geist wollte weitermachen. Daraus sind letztendlich drei Stunden geworden.«
Ich freute mich und musste innerlich lachen. So macht ein Jugendlicher die Erfahrung, dass der Geist über der Materie steht. Wir selbst sind es, die uns Grenzen setzen. In Wirklichkeit sind wir grenzenlos. Wir müssen nur daran glauben und uns selbst vertrauen.

Sinn

Wir verlangen,
das Leben müsse
einen Sinn haben.
Aber es hat nur
so viel Sinn,
wie wir ihm geben.

Hermann Hesse

Mit achtzehn Jahren machte ich mein Abitur und kam dann für ein Jahr zum Militär nach Slowenien. Zum ersten Mal in meinem Leben war ich von zu Hause weg.
Ich war begeistert von der Schönheit der Natur, von den Wiesen, von den Straßen. Es war wirklich toll. Ich sagte nur: »Wow, was für ein schönes Land!« Bei uns im Süden war es das Gegenteil: Aufgrund der heißen Sommer war es sehr trocken, sodass nur wenig Grün zu entdecken war.

Nach dem Militärdienst begann ich, Physik zu studieren – in Prishtina, im Kosovo. Es waren schöne Studentenjahre. Andererseits waren sie aber auch sehr turbulent wegen der Krise in Jugoslawien. Damals durchlebten wir eine Umbruchzeit mit sehr vielen politischen Unruhen. Irgendwie roch es schon nach Krieg. Bereits während des Studiums machte ich mir Gedanken über den Sinn des Lebens. Mithilfe der physikalischen Gesetze ließ sich zwar einiges erklären, dennoch hatte ich das Gefühl: »Das kann doch nicht alles sein. Das Wesentliche kann man gar nicht erklären.«
Aber worin liegt nun eigentlich der Sinn des Lebens? Das kann wohl jeder nur für sich beantworten. Dein Leben hat genau den Sinn, den du ihm gibst.
Das Ziel des Lebens besteht mit Sicherheit nicht darin, möglichst viel zu arbeiten, sondern zu leben. Leben heißt aber nicht, möglichst viel zu erleben und sich nach der Arbeit dem Vergnügen zu widmen. Leben heißt, mit allen Sinnen im Hier und Jetzt, in diesem Augenblick zu sein.
Ich bin fest davon überzeugt, dass alles, was uns im Leben geschieht, einen tieferen Sinn hat – so schmerzlich, unangenehm oder schwierig es

auch sein mag. Letztendlich dient es unserer Entwicklung. Und alles ist gut, so wie es ist.
In Wahrheit geht es nicht darum, frei zu werden, sondern darum, zu erkennen, du bist bereits frei! Du bist bereits all das, was du zu werden wünschst; du bist bereits vollkommen; du bist bereits ein göttliches Wesen, mit all der Kraft, die Berge versetzen kann, mit allem Wissen und aller Weisheit.

Herausforderung

Auch aus Steinen,
die dir in den Weg
gelegt werden,
kannst du etwas
Schönes bauen.

JOHANN WOLFGANG VON GOETHE

Nach Abschluss meiner Ausbildung kam ich in die Schweiz, um meine Brüder zu besuchen und mich von den Strapazen des Studiums zu erholen. Das war zu Silvester 1991.
Zu jener Zeit brach auch der Krieg in Jugoslawien aus. Es war für mich eine sehr schwierige Phase: Ich durfte nicht mehr in meine Heimat zurück, sonst wäre ich eingezogen worden. Am Telefon bat mich meine Mutter: »Bleib bitte, wo du bist, sonst musst du in den Krieg ziehen.« Oh je.
Ungefähr vier Wochen lang konnte ich bei

meinem Bruder in der Schweiz bleiben. Für uns Ausländer gab es jedoch ein Pflichtvisum. Die westlichen Länder hatten Angst vor einer Flüchtlingswelle. Deshalb durfte ich auch nicht auf die Straße gehen. Die Polizei hätte mich ohne gültiges Visum sofort ausgewiesen. So blieb mir nichts anderes übrig, als um Asyl anzufragen. In der darauffolgenden Zeit durfte ich einige Erfahrungen machen – mit den Behörden, mit den Unterkünften.

Auf einmal waren so viele Flüchtlinge da, dass der Platz eng wurde. Fünfzig Personen mussten in einem Bunker schlafen. Ehrlich gesagt, der Sauerstoff war ein bisschen knapp. Aber das war mir eigentlich egal. Hauptsache, ich konnte in einem friedlichen Land sein und musste nicht in den Krieg ziehen. Ja, das war das Wichtigste. Für mich war Krieg seit jeher das Schlimmste, was es gibt. In einem Krieg gibt es doch gar keinen Gewinner, nur Verlierer.

Nach ungefähr zwei Monaten wurde ich in ein Asylantenheim nach Stein geschickt, wo ich mit zehn anderen Ausländern ein Zimmer teilen durfte. Wir bekamen auch eine sehr nette Deutschlehrerin zur Verfügung gestellt, die uns die Sprache näherbringen sollte. Ich verstand mich von Anfang an gut mit ihr.

Ich erzählte ihr, dass mein Vater gelegentlich als Gastarbeiter in der Schweiz arbeitete. Ich selbst wollte ja gar nicht hier bleiben. Schließlich hatte ich in Jugoslawien Physik studiert, um an einem Gymnasium Physik und Mathematik zu unterrichten. Nun war leider der Krieg dazwischengekommen. Aber sobald dieser zu Ende sei, würde ich sofort nach Hause zurückkehren. Hier fühlte ich mich nicht wohl. Ich konnte weder die Sprache verstehen, noch konnte ich eine gültige Ausbildung vorweisen. Die Deutschlehrerin hatte mich wirklich in ihr Herz geschlossen. Sie legte ein gutes Wort für mich ein und so durfte ich ein winziges Zimmer mit einem Bett und einem kleinen Schreibtisch für mich allein haben. Die Dusche musste ich jedoch weiterhin mit zwanzig Leuten teilen. Die Lehrerin lud mich sogar in ihr Zuhause ein, damit ich ihre Tochter kennenlernte. Aber ich wollte mich nicht näher mit ihr einlassen, da ich hoffte, bald nach Hause zurückkehren zu können.
Diese Ereignisse bedeuteten für mich eine sehr große seelische und geistige Herausforderung. Schließlich war ich von klein auf Freiheit und Unabhängigkeit gewohnt. Auf einmal verlor ich den Boden unter den Füßen. Ich wusste

nicht mehr, was ich tun könnte und wie es nun weitergehen sollte. Viele Möglichkeiten waren mir auf einmal verloren gegangen.
Es war sehr schlimm für mich, dass ich nicht mehr nach Hause zurückkehren konnte. Wann würde ich meine Familie wiedersehen? Was geschah mit meinen Freunden? Würde ich jemals heimkehren können? Was sollte ich überhaupt in der Schweiz machen? Plötzlich stand ich vor dem Nichts.
So vieles ging mir durch den Kopf. Immer wieder erinnerte ich mich an die Worte meines Vaters: »Dort, wo es Probleme gibt, gibt es auch Lösungen.« Probleme sind eigentlich nur Herausforderungen, durch die wir wachsen und unsere Erfahrungen machen können. Und so arrangierte ich mich mit meiner Situation.
Wenn in unserem Leben etwas nicht so läuft, wie wir es gerne hätten, ist es wichtig, uns daran zu erinnern, dass es nur eine Phase ist, die vorübergeht.
Es liegt schließlich an uns, wie schwer wir das nehmen, was uns widerfährt. In meiner damaligen Lage konnte ich mich entscheiden: Steigere ich mich in mein Unglück hinein und zweifle am Sinn des Lebens oder nehme ich es als Herausforderung an und versuche, das Beste

daraus zu machen? Das Wichtigste dabei war, meine Sichtweise und Einstellung zu ändern. Und genau das tat ich.
Denn ich spürte, je mehr ich über meine Probleme nachdachte, desto unsicherer wurde ich. Am Ende weiß man nicht mehr, was die richtige Entscheidung ist. So ergeht es dir immer, wenn du dem Verstand zu viel Macht gibst.
Wenn uns die Verzweiflung überkommt, liegt es meist daran, dass wir zu viel an die Vergangenheit oder an die Zukunft denken. Wir sind verzweifelt, weil wir in der Vergangenheit nicht so perfekt waren, wie wir es sein wollten. Und wir schauen ängstlich in die Zukunft, was wohl auf uns zukommen mag.
Der einzige Weg jedoch, von der Verzweiflung frei zu werden, liegt darin, ganz im Augenblick zu sein. Wenn wir uns dem Leben überlassen – im Vertrauen darauf, dass es gut ist, wie es ist, und dass es gerade so sein darf, wie wir es erleben –, dann können wir jeden Augenblick genießen.
Und so hörte ich auf, Pläne zu machen, und versuchte, in jedem Augenblick das Beste zu tun und von einem Tag auf den nächsten zu leben.

Hoffnung

Lass die Hoffnung siegen
über die Angst.
Lass das Vertrauen siegen
über die Ungewissheit.
Und deine Liebe wird siegen
über deine Zweifel.

Hans Kruppa

Aber wie das Leben halt so spielt …

An einem wunderschönen Frühlingstag zog ich meine Sportschuhe an, um am Rhein zu joggen. Nach ein paar Hundert Metern sah ich zwei junge Frauen, die mit ihren Füßen im Wasser planschten. Wir schauten uns an und lachten. Es war ein total schönes Gefühl – wie von oben gesteuert. Und es kam völlig unerwartet. Ich war hin und weg.
Ich lief noch ein paar Meter weiter, kehrte

dann aber um und gesellte mich zu den beiden. Da ich zu der Zeit kein Wort Deutsch konnte, sprach ich sie auf Englisch an.
Es waren zwei Schwestern aus Deutschland. Die beiden erzählten mir, sie kämen aus Hamburg. Nach einiger Zeit verabschiedeten wir uns und ich dachte: »Oh je, die werde ich wohl nie wieder sehen.«
Aber wie es das Schicksal so wollte, trafen wir uns ganz ohne Abmachung eine Woche später wieder an derselben Stelle. Das konnte doch kein Zufall sein! Ich lud sie auf einen Drink ein und wir kamen uns näher.
Die ältere der beiden Schwestern erklärte mir, sie arbeite in Todtmoos in einem Seminarzentrum. Ich hatte keine Ahnung, wo Hamburg und Todtmoos liegen. Sie lud mich ein, sie dort zu besuchen.
Als Asylant konnte ich natürlich nicht reisen. Ich durfte mich lediglich in der Schweiz aufhalten. Trotzdem nahm ich den Weg über die Holzbrücke, die in Bad Säckingen über den Rhein führt, ging zur nächsten Bushaltestelle und fuhr nach Todtmoos.
Es war ein sehr schöner, sonniger Tag. Ich wollte meine Verehrte überraschen, allerdings hatte ich weder ihre Telefonnummer noch eine

Adresse. Sie hatte mir erzählt, das Haus befinde sich etwas außerhalb des Ortes, an einem sehr ruhigen Platz mit vielen großen Tannen. Mehr wusste ich nicht.
Intuitiv ging ich die Straße entlang und spürte immer stärker, dass ich auf dem richtigen Weg war. Beim Anblick des Hauses wusste ich, dass ich »angekommen« war. Ich war überglücklich, das Gebäude überhaupt gefunden zu haben. Immerhin war ich zum ersten Mal allein in einem fremden Land unterwegs. Außerdem konnte ich weder die Sprache, noch hatte ich die Erlaubnis, hier zu sein.
Ich war überwältigt von der Freundlichkeit, die mich empfing. Die Gäste luden mich sofort zum Essen ein. Dies war mein erster Kontakt mit dem »Haus Lichtquell«.
Nachmittags fuhr ich in die Schweiz zurück. Am Zoll auf der Schweizer Seite wurde ich jedoch kontrolliert. Die Beamten reagierten verärgert und fragten mich, ob es mir überhaupt bewusst sei, dass ich das Land nicht verlassen durfte. Falls sie mich noch einmal erwischten, würden sie mich abschieben.
Mir war der Ernst der Lage nicht wirklich bewusst. Außerdem war ich bis über beide Ohren verliebt. Alles andere war mir egal. Ich sagte

immer nur: »Liebe, Liebe« – so ziemlich die einzigen Worte, die ich auf Deutsch konnte. Was der Beamte sagte, habe ich nicht verstanden, aber er hat ziemlich getobt. Irgendwann ließ er mich gehen.
Kurze Zeit später starb mein Vater. Früh am Morgen erwachte ich und konnte mich kaum bewegen. Mein Körper fühlte sich völlig starr und kraftlos an. Ich hatte plötzlich das intensive Gefühl, dass mit meinem Vater etwas nicht stimmte. Irgendetwas musste passiert sein.
Zwei Tage später erfuhr ich von meinem Bruder, dass unser Vater an diesem Morgen gestorben war. Ich war sehr traurig, dass ich nicht bei ihm sein konnte. Im Nachhinein wurde mir bewusst, dass er an diesem Morgen von mir Abschied genommen hatte.
Ich dachte sehr viel an diese Frau. Der Tod meines Vaters und die scharfe Zurechtweisung beim Zoll belasteten mich sehr. Es war schwer für mich, zu akzeptieren, dass ich nun auch meine Freundin nicht mehr besuchen könnte. Doch meine Liebe kannte im wahrsten Sinn des Wortes keine Grenzen: Bei meinem nächsten Besuch in Deutschland versteckte ich mich im Kofferraum. So kam ich unbemerkt

durch den Zoll und konnte ein Wochenende in Todtmoos verbringen.
Da meine Freundin arbeiten musste, half ich ihr ein bisschen in der Küche. Wir waren allein. Ich schrubbte gerade den Boden, als plötzlich ein groß gewachsener Mann eintrat und mich ansah. Ich hatte das Gefühl, als wollte er sagen: »Den kenn ich ja gar nicht. Was macht denn der in meiner Küche?«
Auch ich schaute ihn an, sagte aber nichts und putzte weiter. Er sprach mit meiner Freundin und ließ uns wieder allein zurück. Später fragte ich sie, wer der Mann sei.
»Mein Chef, der Peter Wenzel, der Gründer dieses Hauses«, sagte sie.
Dies war meine erste Begegnung mit Peter im Mai 1992.
Und so bestätigte sich wieder einmal die Tatsache, dass es nicht entscheidend ist, wie es dir geht, sondern wie du damit umgehst. Indem du klagst, jammerst, dich bedauerst und nachgrübelst, warum es dir nicht gut geht, verstärkst du deine negative Stimmung. Tu stattdessen etwas, das dir Spaß und Freude bereitet und dich auf andere Gedanken bringt! Hör Musik, die dich positiv stimmt, tanze oder betätige dich körperlich. Suche in allem das Positive!

Klappt etwas nicht, besteht unser erster Impuls darin, uns zu ärgern, frustriert zu sein, uns zu bedauern und das Schicksal anzuklagen. Doch häufig stellt es sich im Nachhinein als Glücksfall heraus. Denn alles Große nimmt seinen Anfang im Kleinen. Auch die schönen Überraschungen bereiten sich im Geheimen vor.

Freude

Weise ist der Mensch,
der nicht den Dingen nachtrauert,
die er nicht besitzt,
sondern sich der Dinge erfreut,
die er hat.

Epiktet

Als das »Haus Lichtquell« im Sommer 1992 umgebaut wurde, hatte meine Freundin frei. Also besuchten wir ihre Eltern in Norddeutschland. Ich gebe zu, sie waren anfangs nicht gerade begeistert von mir – nicht zuletzt aufgrund der sprachlichen Barriere. Als wir uns jedoch näher kennenlernten, freuten sie sich über unsere Heiratspläne.
Im Betrieb ihrer Eltern durfte ich ein bisschen Geld verdienen, worüber ich sehr froh war. Somit hatte ich zumindest die Möglichkeit, Eheringe für uns zu kaufen.

Erneut machte ich mich mit dem Zug auf den Weg in die Schweiz, um dort die Ringe zu besorgen. Gleichzeitig wollte ich den Behörden Bescheid geben, dass ich bald heiratete.
Die machten mir allerdings einen Strich durch die Rechnung. Beim Grenzübergang von der deutschen auf die Schweizer Seite kamen zwei Zollbeamte in den Zug und wollten die Ausweise sehen. Da ich nach wie vor nicht aus der Schweiz ausreisen durfte, nahmen sie mich mit und kontrollierten mich von Kopf bis Fuß. Sie waren sehr wütend, weil ich ja schon einmal wegen unerlaubten Grenzübertritts erwischt worden war. Da ich scheinbar nichts daraus gelernt hatte, sperrten sie mich für eine Nacht in eine Einzelzelle und nahmen mir zur Strafe auch noch das Geld ab, das ich bei mir hatte.
Ich versuchte ihnen zu erklären, dass ich bald heiratete und das Geld zum Kauf der Eheringe benötigte. Meine Verlobte lebe in Deutschland und warte auf meine Rückkehr.
Die Zollbeamten glaubten mir natürlich kein Wort. Am nächsten Morgen ließen sie mich wieder frei. Ringe konnte ich jedoch keine mehr kaufen.
Meinen Asylantenausweis musste ich ein paar Tage später bei der Kantonpolizei abholen. Der

Beamte drohte mir, mich nach Jugoslawien zurückzuschicken. Auch ihn versuchte ich von meinen Heiratsplänen mit einer Deutschen zu überzeugen – was allerdings ziemlich aussichtslos war.
Ich erzählte meiner Verlobten von meiner misslichen Lage, woraufhin sie in Deutschland zur Ausländerbehörde ging. Sie bestätigte unsere Heiratspläne und veranlasste, dies in die Schweiz weiterzuleiten.
Die folgenden Wochen stellten mich auf eine harte Probe. Würde ich die Chance bekommen zu heiraten oder würden uns die Behörden erneut Schwierigkeiten machen?
Als ich die Hoffnung beinahe aufgegeben hatte, bekam ich überraschend einen Anruf. Wieder musste ich mich bei der Kantonpolizei melden. Im ersten Moment befürchtete ich, ich würde nun endgültig nach Hause geschickt.
Gott sei Dank kam es jedoch ganz anders. Ich erhielt einen vorübergehenden Reisepass, mit dem ich ein paar Tage nach Deutschland durfte, um zu heiraten. Mir fiel ein Stein vom Herzen! Ich freute mich sehr, dass mein Leben nun eine positive Wende nahm. Endlich konnte ich mit gutem Gewissen die Grenze überqueren und meine Liebe heiraten.

Und wieder einmal zeigte sich, dass genau dann die größte Freude entsteht, wenn du es nicht erwartest. Sicher ist es angenehm, wenn alles so abläuft, wie du es dir vornimmst. Aber oft freuen wir uns über das unvorhergesehene Schöne am meisten.
Nicht jeder Tag muss voller Freude sein. Wenn du dich für das Leben entscheidest und versuchst, den heutigen Tag so anzunehmen, wie er ist, kommst du auch mit deiner Kraft, mit deiner Lebendigkeit und deiner Freude in Berührung. Denn die wahre Freude erwächst von innen.
Sobald du das, was du tust, aus einer inneren Freude heraus machst, wird es auch gelingen. Wichtig ist, dass wir mit dieser inneren Freude in Berührung kommen.
Vielleicht fragst du dich nun, wie du zu dieser Freude gelangst? Jeder von uns trägt sie in sich! Das Grundgesetz des Lebens ist Freude. Sie ist unerlässlich für unser Wohlbefinden und bildet daher unser aller Lebensziel.
Es sind die einfachen Dinge, die uns erfreuen: ein gutes Essen, ein nettes Wort, ein von Herzen kommendes Lächeln, eine liebevolle Umarmung. Das kann sich jeder leisten. Wir brauchen es nur jemandem zu schenken oder es

von anderen anzunehmen und zu genießen. Je bewusster uns dies gelingt, desto intensiver erleben wir die Freude. Sie öffnet unser Herz und formt alles, was wir tun, zu einem Ausdruck des Glücks und der Dankbarkeit.

Licht

Einen brauchst du auf dieser Welt,
der mit dir weint und lacht,
einen, der unbeirrt zu dir hält,
der deine Probleme zu seinen macht.
Einen, der deine Träume kennt,
dir deine Schwächen vergibt,
einen, der dich beim Namen nennt
und froh ist, dass es dich gibt.
Einen, der dich in die Arme nimmt,
wenn eine Hoffnung zerbricht,
einen, der deine Saiten stimmt.
Einen brauchst du als Licht.

Emmy Grund

An einem sonnigen Sommertag, heirateten wir in Todtmoos. Es war in jeder Hinsicht befreiend für mich. Die zuständige, sehr nette Standesbeamtin hielt die Trauung auf Englisch

ab, da ich zu der Zeit noch kein Deutsch verstand.
Anschließend zogen meine Frau und ich nach Norddeutschland und arbeiteten dort gemeinsam in einem Fischrestaurant. Nach ein paar Monaten fühlten wir uns jedoch nicht mehr wohl. Wir kündigten und zogen zu ihren Eltern, bei denen wir wohnen und im Betrieb mithelfen durften.
Da ich aber gerne auf eigenen Beinen stehen wollte, freute ich mich umso mehr, als wir zu Weihnachten 1992 einen Brief von Peter Wenzel bekamen. Er hatte nicht nur für meine Frau, sondern auch für mich eine Arbeitsstelle. Wir freuten uns sehr und zogen im Januar 1993 von Norddeutschland ins tief verschneite Todtmoos.
Im »Haus Lichtquell« wartete genug Arbeit auf uns. Nach dem Umbau wurden viele Hände gebraucht, da Peter bereits Mitte März wieder eröffnen wollte.
In der Zeit durfte ich auch Peter besser kennenlernen. Am Anfang unterhielten wir uns auf Englisch. Er war sehr nett zu mir. Wir haben uns gleich gut verstanden. Ich war überrascht, dass er als Chef mir so viele Tätigkeiten im Haus beibrachte. Mein Bild eines Bosses

sah ja ganz anders aus: Für mich war das einer mit Krawatte, der nur im Büro sitzt und den anderen Arbeit zuweist.

Peter aber war ganz anders. Seine Art begeisterte mich so sehr, dass er eine Vorbildfunktion für mich hatte. Wir teilten unsere Freude und lachten viel.

Schon damals wurde mir bewusst: Egal, welche Arbeit man macht, man soll sie mit Freude erfüllen. Es hängt von unserer Sichtweise und unserer Einstellung ab. Bemühst du dich, das Gute in dir zu stärken und deine Taten aus einer reinen Absicht heraus geschehen zu lassen, so strahlt auch das Licht aus dir.

Je mehr wir die Liebe und das Licht in uns stärken, umso mehr kräftigen wir auch das Gute in unserem Nächsten. Daher wende dich dem Licht zu und geh den Weg des Herzens und des Friedens. Es wird dir Zufriedenheit, Freude und Glück bringen.

Menschen, die uns lieben, werden für uns zu einem Licht. Licht bedeutet Leben, Wachstum, Heil und Glück. Es vertreibt die Dunkelheit und gibt uns Hoffnung.

Als kleines Ritual habe ich mir angewöhnt, jeden Morgen vor dem Aufstehen und jeden Abend vor dem Einschlafen ein Lichtbad zu nehmen. Dabei schließe ich meine Augen, stelle mir eine Badewanne voller Licht vor und lege mich hinein. Ich empfinde dies als sehr heilsam.

Gefühle

Nicht was wir erleben,
sondern wie wir empfinden,
was wir erleben,
macht unser Schicksal aus.

Marie von Ebner-Eschenbach

Im Dezember 1993 wurde ich zum ersten Mal Vater. An jenem Abend hatte es extrem viel geschneit. Als ich von der Klinik kam, musste ich das Auto stehen lassen und das letzte Stück zu Fuß gehen. Es machte mir jedoch nichts aus. Ich war so erfüllt von Freude über meinen Sohn Marius.

Da wir nun mehr Geld benötigten, nahm ich neben meiner Arbeit im »Haus Lichtquell« weitere Jobs an. Nur so konnte ich unsere Familie über die Runden bringen. Für mich war dies keine einfache Zeit. Die deutsche Sprache bereitete mir immer noch sehr große Schwierigkeiten. In Deutschland hatte ich keine abgeschlossene Ausbildung vorzuweisen und mein Physikstudium nützte mir hier nichts. Eine neue Ausbildung anzufangen war nicht möglich, denn die Familie musste von etwas leben.

Tagsüber arbeitete ich im »Haus Lichtquell«. Ich putzte die Zimmer und erledigte den Abwasch. Montags trug ich die Koffer der neuen Gäste in die Zimmer und kümmerte mich um fällige Reparaturen. Abends arbeitete ich als Barkeeper – manchmal bis zwei, drei Uhr nachts. Dadurch hatten wir zumindest ausreichend Geld zur Verfügung.

Zweieinhalb Jahre später wurde ich erneut Vater eines Sohnes – Arian. Ich schwebte im siebten Himmel. Weil wir nun eine vierköpfige Familie waren, mussten wir allerdings in eine größere Wohnung umziehen. Das war natürlich erneut mit zusätzlichen Kosten verbunden.

Ich war sehr glücklich über meine Frau und meine zwei gesunden Kinder. Wir hatten eine sehr schöne Wohnung gefunden. Ein großer Traum war für mich in Erfüllung gegangen. Wir lebten mitten im Grünen, einen Bach vor der Tür, den Kachelofen im Wohnzimmer.

Obwohl ich nur wenig freie Zeit hatte, genoss ich es sehr. Wenn ich nachts von der Arbeit nach Hause kam, ging ich ins Kinderzimmer. Es berührte mich, die Jungs zu betrachten, wie sie so schliefen. Wenn sie sich aufgedeckt hatten, deckte ich sie zu und ging nach dem Duschen schlafen.

In Jugoslawien tobte in der Zwischenzeit der Krieg – erst einmal in Slowenien, dann in Kroatien, in Bosnien und zum Schluss im Kosovo. Nun war auch meine Familie betroffen. Meine Mutter musste all ihr Hab und Gut zurücklassen und floh mit meinen zwei jüngsten Geschwistern aus Serbien zu ihrem Bruder in den Kosovo.

Das Ganze belastete mich sehr. Von Deutschland aus hatte ich keine Möglichkeit, sie zu unterstützen. Die Bilder in den Nachrichten gingen mir seelisch sehr nah.

Darüber hinaus bekam ich eine schwere, lebensbedrohliche Lungenentzündung.

Doch der Zeitpunkt meines Abschieds vom Erdendasein war noch nicht gekommen; dank der Medikamente erholte ich mich langsam wieder.

Ich arbeitete weiter und hatte immer weniger Zeit für mich und meine Familie. Nicht nur meine gesundheitliche Lage verschlechterte sich erneut. Immer wieder hatte ich Probleme beim Sehen und suchte schließlich einen Augenarzt auf. Dieser stellte einen viel zu hohen Augendruck fest. Laut meinem Arzt »brannte der Dachstuhl«; ich müsse sofort ins Krankenhaus.

Zutiefst schockiert fiel ich aus allen Wolken. Nun realisierte ich erst, wie bedrohlich meine körperlichen Beschwerden waren. Ich war kurz vor der Erblindung. Erst wurde das eine, etwas später das zweite Auge operiert.

In dieser Zeit erlebte ich ein Wechselbad der Gefühle. Einerseits war ich überglücklich, Vater zu sein, andererseits waren die zusätzlichen Belastungen groß. Dazu kamen noch der Krieg in Jugoslawien mit der Angst um meine Familie und meine schwere Augenkrankheit. Ich war innerlich zerrissen.

Wie damals in der Schweiz war ich nun an einem Punkt angelangt, wo ich nicht mehr wusste, wie es weitergehen sollte.

Eine Lösung musste her! Denn egal, wie die Umstände aussehen: Es sind unsere Einstellungen, die über unsere Gefühle und unser Handeln entscheiden. Richten wir den Blick bewusst auf die schönen Dinge unseres

Lebens, so werden sich auch unsere Gefühle ändern.
Wir alle streben nach guten Gefühlen wie Zufriedenheit und Liebe. Sehr oft machen wir es uns aber schwer, das Glück anzunehmen, wenn es da ist. Wir danken nicht für die vielen Dinge, die wir haben, die uns gelingen oder die uns erspart geblieben sind. Haben wir Schmerzen, dann denken wir, ohne sie wären wir glücklich. Doch kaum sind sie verschwunden, sehen wir unser Glück nicht mehr.
Die Kunst des Lebens besteht darin, unseren Blick darauf zu lenken, was wir bereits besitzen und was uns täglich geschenkt wird. Dadurch entsteht in uns ein Gefühl der Zufriedenheit und des Glücks.
Indem wir diese Gefühle in uns stärken, strahlen wir sie aus und ziehen sie dadurch auch wieder an. Dies entspricht dem geistigen Gesetz der Resonanz. Lass es mich an einem simplen Beispiel erklären: Wenn du eine Orange auspresst, erhältst du Orangensaft. Du erhältst genau das, was in der Orange ist. Du würdest dich doch sehr wundern, wenn du stattdessen Zitronensaft bekommen würdest.
Genau so ist es mit uns: Wenn wir ärgerlich auf unsere Mitmenschen reagieren, dann nur, weil

wir diese Gefühle in uns tragen. Wollen wir also die anderen lieben, müssen wir die Liebe in uns haben und auch uns selbst lieben. Du kannst im Leben nur geben, was du selbst besitzt und in deinem Inneren trägst.

Loslassen

Herr, gib mir die Gelassenheit,
die Dinge hinzunehmen,
die ich nicht ändern kann.
Verleihe mir den Mut,
die Dinge zu ändern,
die ich ändern kann.
Und schenke mir die Weisheit,
das eine vom anderen
zu unterscheiden.

REINHOLD NIEBUHR

Nun war auch unsere Ehe zu Ende. Obwohl ich nicht wusste, was aus meinen Augen würde und ob ich jemals wieder arbeiten könnte, hatte ich weniger Angst um meine Augen; schlimmer war der Gedanke, dass ich meine Kinder verlieren könnte. Ich war am Boden zerstört. Ich hatte das Gefühl, dass plötzlich alles, was ich über die Jahre aufgebaut hatte, zusammenbrach. Das war 2001/2002.

Ich zog aus unserer gemeinsamen Wohnung aus und lebte von nun an in einem Zimmer im »Haus Lichtquell«. Das Einzige, was ich mitnahm, war eine Tasche und die Kleider, die ich trug. Ich wollte nur noch Ruhe und Frieden. Meine Frau ging kurze Zeit später mit unseren Söhnen nach Norddeutschland. Natürlich vermisste ich meine Kinder sehr.
Auch im »Haus Lichtquell« war eine Zeit des Umbruchs gekommen. Wir hatten große finanzielle Probleme und wussten nicht, ob es weitergehen würde. Konnte ich überhaupt wieder eingestellt werden? Ich wollte gar nicht glauben, dass hier alles zu Ende sein sollte, und war überzeugt, dass es eine Lösung geben würde.
Eines Nachmittags saß ich mit Paul auf einer Bank und blickte aufs Haus. Paul hatte bereits gekündigt und wollte nur noch weg. Er war von der ganzen Situation und von der Stimmung sehr enttäuscht. Damals sagte ich zu ihm: »Warte mal ab, das wird sich schon ändern. Ich glaube fest daran, dass es weitergeht. Ich spüre innerlich, die Zeit ist noch nicht reif, dass das ›Lichtquell‹ den Bach runtergeht.« Paul aber schmunzelte nur.
In dieser Zeit lernte ich loszulassen. Die meisten Menschen haben Angst davor, weil sie

glauben, dadurch etwas zu verlieren. Ich aber durfte das Gegenteil erleben. Erst als ich durch die Umstände gezwungen war, bekam ich ein Gefühl dafür, was Loslassen wirklich bedeutet. Ich hatte dadurch die Chance, mich selbst zu finden. Durch meine Krankheit war nun eine Zeit gekommen, wo ich endlich für mich selbst da sein musste. Ich lernte, mich bewusst zu lösen. Es war ein unbeschreiblich befreiendes Gefühl.

Das ganze Leben besteht schließlich aus Loslassen. Nur wenn uns dies wirklich gelingt, fangen wir zu leben an. Für mich bedeutet es, etwas sein zu lassen, so wie es ist, ohne es zu bewerten; mich und meine Lebensumstände so anzunehmen, wie sie sind. Dadurch werde ich frei – frei für neue Erfahrungen. So finden wir auch unseren Seelenfrieden. Wir kommen in Einklang mit uns selbst und können dadurch glücklich sein.

In Wirklichkeit geht es doch darum, Erfahrungen zu machen. Dafür sind wir auf der Erde. Durch das Loslassen und die neuen Erfahrungen, die uns dann geschenkt werden, kommen wir wieder ein Stück weiter. Im Grunde können wir ohnehin nichts in unserem Leben festhalten. Jeder einzelne Atemzug besteht aus Loslassen.

Wir können lernen, bewusst loszulassen, um Leichtigkeit und Freude in unser Leben zu bringen. Als eine wunderbare Übung dient es, bewusst auszuatmen und innerlich zu sagen: »Ich lasse los.« Durch bewusstes Atmen verbinden wir uns mit der Urkraft des Lebens und sind dadurch im Hier und Jetzt.

Erfolg

Denke immer daran,
dass deine eigene Entschlossenheit,
erfolgreich zu sein,
wichtiger ist als alles andere.

Abraham Lincoln

Langsam besserte sich mein gesundheitlicher Zustand. Auch meine Deutschkenntnisse waren dank der Hilfe meiner Kinder immer besser geworden: Auf natürliche Weise und ganz spielerisch hatten sie mir die Sprache näher gebracht.

Eines Morgens hatte ich ein besonderes Erlebnis. Ich war noch einmal kurz eingeschlafen, als mir plötzlich im Traum mein Vater erschien. Er strahlte vor lauter Licht, als würde er einen goldenen Anzug tragen, und lächelte mich an. Ich fragte ihn: »Papi, geht's dir gut?« Er lächelte nur. Dann wurde ich wach. Ich war sehr berührt, Freudentränen liefen über mein Gesicht. Tief in mir spürte ich, dass mich mein Vater von der lichten Seite aus immer unterstützt.

Im November 2002 wurde im »Haus Lichtquell« ein neuer Vorstand gewählt. Peter machte mich zu seinem ersten Stellvertreter. Ich wusste gar nicht, was auf mich zukommen würde. Und das war gut so.

Danach folgten drei harte Jahre des Kampfes. Es ging um die Existenz des Ganzen. Alle mussten die Ärmel hochkrempeln, um das Haus zu retten. Es gab sehr viele Höhen und Tiefen und ständig Turbulenzen. Viele Engel haben uns unterstützt. Aber nicht nur die geistige Welt hat uns sehr geholfen. Auch hier auf Erden hatten wir liebevolle Helfer.

Eine davon war Marianne, die mir stets mit Rat und Tat zur Seite stand. Ob es um die Gästebetreuung, den Verkauf in der Bücherstube oder das Schreiben eines Briefes ging – auf ihre Hilfe konnte ich mich immer verlassen. Wir kamen zunehmend ins Licht. Durch die geistige Führung und die Erfahrung sind wir sehr gewachsen. Dem Betrieb ging es mit der Zeit immer besser. Ich durfte in meine Aufgabe mehr und mehr hineinwachsen und bekam größere Verantwortung übertragen. 2007 ernannte mich Peter im Rahmen einer Vorstandssitzung zum Geschäftsführer.

In der Zwischenzeit hatte ich gelernt, meine Schwächen zu akzeptieren. Somit hatte ich keine Angst mehr vor der Kritik anderer und erlaubte mir, auch mal Fehler zu machen. Für mich war einfach wichtig, dass ich mich dadurch weiterentwickeln und Erfahrungen machen konnte.

Und so dachte und handelte ich von Tag zu Tag selbstbewusster. Mir wurde klar, wie wichtig es ist, an sich selbst zu glauben. Das ist die Grundlage für den Erfolg.

Die Erfüllung der Träume beginnt zwar im Kopf. Du kannst sie aber nur verwirklichen, wenn du bereit bist, aufzuwachen und dich der Wirklichkeit zu stellen, so wie sie jetzt ist.

Herz

Der Verstand kann uns sagen,
was wir unterlassen sollen.
Aber das Herz kann uns sagen,
was wir tun müssen.

Joseph Joubert

Von nun war es meine Aufgabe, das Personal zu koordinieren, das Seminarprogramm zu planen und dienstags die Gäste über das Haus zu informieren.

Am Anfang war dies eine große Herausforderung für mich. Meine Deutschkenntnisse ließen noch zu wünschen übrig, aber was ich sagte, kam von Herzen. Und die Gäste spürten das. Manchmal waren Lehrer dabei, die mich zuweilen korrigierten – was ich dankend annahm. Ich investierte viel Zeit und Energie in das Haus. Um den Betrieb zu retten, setzte ich mich rund um die Uhr ein. Ob es die Küche war, die Zimmer, die Wäsche, der Schriftverkehr oder das Personal – für alles und jeden war ich zuständig. Der Betrieb war mir mit seinen Mitarbeitern und den Gästen mittlerweile sehr ans Herz gewachsen. Er war mein Zuhause geworden.

Jeden Montag freute ich mich darauf, die neuen Gäste zu begrüßen. Immer wieder reisten Menschen an, die ich von früheren Seminaren kannte. Oft wirkten sie bei der Ankunft gestresst und niedergeschlagen. Am Sonntag bei der Abreise verließen sie das »Haus Lichtquell« jedoch mit strahlenden Augen.

Ich durfte in meinem Leben sehr viele Menschen kennenlernen. Die Gespräche mit ihnen waren für mich immer sehr interessant und wertvoll.

Ich hatte auch einige lustige Erlebnisse: Eines Tages kam zum Beispiel ein Gast zu mir an die Rezeption: eine nette ältere Dame. Sie hatte zwei schwere Koffer bei sich und fragte Gerti, eine unserer Mitarbeiterinnen, wer denn der junge Mann sei. Gerti nannte ihr meinen Namen. Daraufhin entgegnete die Dame: »Bajram, das ist wohl kein deutscher Name. Wo kommt er denn her?«

Ich erklärte ihr, dass ich aus dem Kosovo stamme.

Daraufhin kombinierte sie sofort: »Ah, dann bist du wohl der Kofferträger. Ihr habt ja hier einen tollen Service.«
Gerti und ich schauten uns an und schmunzelten.
Ich bestätigte: »Ja, ja, das bin ich. Gerne trage ich deinen Koffer hoch und zeige dir das Zimmer.«
Ein paar Tage später erfuhr sie, dass ich eigentlich der Leiter des Hauses war.

Alles, was wir für den anderen tun, tun wir an erster Stelle für uns selbst. Das ist das geistige Gesetz der Resonanz. Und alles, was ich tue, versuche ich von Herzen zu tun, in Liebe, ohne jegliche Erwartungen. Denn alles, was von Herzen kommt, wird auch im Guten zu uns zurückfließen. Wie wichtig ist es, sich dessen bewusst zu sein!
Immer wieder machte ich die Gäste darauf aufmerksam, dass die wichtigste Sprache die Sprache des Herzens ist. Worte, die aus dem Herzen kommen, sind immer Worte der Liebe. Mit einem liebenden Herzen, einer reinen Absicht und einem klaren Willen kannst du alles erschaffen, was du dir wünschst. Du bist der Schöpfer. Die ganze Macht der göttlichen

Schöpferkraft liegt in dir. Deshalb nutze sie und setze sie ein zum Wohl und Segen aller.
Viele von uns sind sehr am Verstand orientiert. Nahezu unser ganzes Leben wird vom Verstand gesteuert. Doch eigentlich ist es das Herz, mit dem wir denken sollten.
Aber was ist denn das Herz eigentlich? Ein Organ, eine Pumpe, ein Muskelgewebe? Für mich jedenfalls ist es mehr. Es ist unser zentrales Organ, der Sitz der Liebe. Es verbindet unseren Verstand nicht nur mit dem Bauchgefühl, sondern mit dem ganzen Universum. Ich sage euch mit Gewissheit: Das Herz kann sprechen, hören, sehen, fühlen, ja sogar denken.
Ein altes deutsches Sprichwort lautet: »Das Herz hört feiner als die Ohren und sieht schärfer als die Augen.« Es ist wichtig, aus dem Herzen heraus zu leben, zu lieben und zu handeln. Dann leben wir wirklich. Dann sind wir im Fluss des Lebens und können aus der Fülle schöpfen.
Unser Herz ist der Ort, an dem Gott selbst im Menschen wohnt und an dem sich Himmel und Erde berühren. Und zugleich ist das Herz die Tür, durch die ein anderer Mensch bei uns eintreten kann. Es verbindet Menschen mitei-

nander. Sooft sich zwei Herzen berühren, öffnet sich der Himmel über ihnen.
Entscheidend ist, dass ich mein Herz öffne und mit weitem Herzen jeden Augenblick lebe.

Dankbarkeit

Die beste Möglichkeit,
Dankbarkeit auszudrücken, ist es,
Wissen und Hilfe,
wann immer möglich,
anderen zuteil werden zu lassen.

Urheber unbekannt

Dennoch gab es immer wieder Momente, in denen mir Zweifel kamen und mich der Mut verließ. Was mir dann weiterhalf, waren die Worte meines Vaters: »Du kannst das, du schaffst das, und ich liebe dich.«
Wegen des ständigen Drucks, der auf mir lastete, gewöhnte ich mir an, abends in die Natur zu gehen. Regelmäßig spazierte ich zu der Buche, die am Weg zum Hochkopf steht. Dort konnte ich alle meine Sorgen, Ängste und Zweifel abladen. Ich erzählte von meinen Ideen und Plänen. Wenn ich wieder nach Hause ging, fühlte ich mich besser und leichter. Jedes Mal

bekam ich einen inneren Impuls, der mich weiterbrachte.
Später berichtete ich einmal Wolf-Dieter Storl, der auch als Seminarleiter im »Haus Lichtquell« tätig ist, von meinen Erlebnissen mit der Buche, und er bestätigte meine Wahrnehmungen: Die Buche schaffe Klarheit in unserem Geist. Ich war fasziniert. Genauso hatte ich es empfunden.
Trotz aller Bemühungen und trotz des Erfolgs unseres Hauses wollten einige Darlehensgeber ihr Geld zurück. In diesem Ausmaß konnten wir dies jedoch nicht erwirtschaften. Auch zusätzliche Investitionen wurden fällig. Wir mussten unsere Seminarräume erweitern und schafften Sonnenkollektoren an, um Heizkosten zu sparen. Auch die Isolation des Hauses wurde notwendig.
Dies alles wäre nicht möglich gewesen ohne die Unterstützung von Unity Schweiz. Ihre Präsidentin Marie-Louise Mayr half mir jedoch nicht nur in finanzieller Hinsicht, sondern auch durch ihre Anregungen, ihre Herzenswärme und ihre liebevolle Art, mit der sie mich über all die Jahre begleitete.
So wie mir half sie vielen Menschen mit ihren Gebeten. Ihre besondere Ausstrahlung hört

man auch an ihrer Stimme, die einem Mut und Kraft gibt, besser zurechtzukommen und die Lebensfreude wieder zu entdecken.
Auch was meinen Herzensweg betrifft, hat mich Marie-Louise immer wieder unterstützt und bestärkt. Für mich diente dies erneut als Beweis, dass auch Menschen Engel sein können. Endlich konnte ich wieder in Ruhe schlafen. Dafür war ich sehr dankbar.
An einem besonderen Platz beim Bach, an dem ich immer vorbeikam, äußerte ich von nun an meinen Dank. Ich dankte für alles, was mir so einfiel, was ich erlebt hatte: »Danke, dass ich die Bäume sehen kann. Danke, dass ich das Zwitschern der Vögel hören kann. Danke, dass ich den Duft der Blumen riechen kann. Danke, dass ich mit meinen Füßen diesen Weg gehen kann. Danke, dass ich ein Dach über dem Kopf habe und in einem warmen Bett schlafen kann.«
Mit der Zeit wurde es immer mehr, wofür ich dankbar sein konnte. Bei jedem Schritt auf diesem Weg bedankte ich mich für etwas. Für alles, was mir an diesem Tag gelungen war. Dafür, dass es dem Betrieb zunehmend besser ging und dass ich den Gästen helfen konnte. Für jedes deutsche Wort, das ich lernte.

Schließlich bezeichnete ich diesen Weg als meine Dankbarkeitsstraße.
Auch meinen Kindern erklärte ich bei einem Spaziergang, dies hier sei die Dankbarkeitsstraße.
Sie schauten mich mit großen Augen an. »Papi, wo steht denn das?«, fragten sie.
Ich amüsierte mich insgeheim und erzählte ihnen, wie es dazu gekommen war.
Sie lachten und meinten: »Papi, wir sind auch dankbar dafür, dass wir dich als Papi haben und hier bei dir sein können!«
Ich freute mich sehr darüber. Dankbarkeit ist wohl ansteckend.
Als ich eines Abends von meinem Spaziergang nach Hause kam, bemerkte ich einen großen Stein neben der Straße. Ich hatte das innere Bedürfnis, zu ihm zu gehen und mich auf ihn zu stellen. Ich schloss die Augen, während mir die Abendsonne ins Gesicht schien.
Als ich die Augen wieder öffnete, hatte ich das Gefühl, irgendetwas war mit mir passiert. Tränen rannen über mein Gesicht und ich spürte eine sehr große Freude in mir. Ich konnte mir nicht erklären, was das war. In meinem Herzen und meinem ganzen Körper empfand ich eine tiefe Glückseligkeit. Der erste

Gedanke, der mir durch den Kopf ging, war: »Das war die göttliche Kraft, die mich berührt hat.«

Es ist schwierig, dieses Erlebnis mit Worten zu beschreiben. Immer wieder denke ich an diesen besonderen Augenblick, der mir Mut und Kraft gibt. Ich spüre, dass die göttliche Kraft bei uns ist und wir von ihr getragen werden. Ich bin so dankbar, dies erleben zu dürfen.

Weißt du, woran du am besten deine Entwicklung messen kannst?

An deiner Dankbarkeit! Dankbarkeit gegenüber deinen Eltern, weil sie dir dein Leben geschenkt haben. Dankbarkeit gegenüber deiner Partnerin oder deinem Partner für die Nähe und liebevolle Begleitung. Sei deinen Kindern dankbar für die Liebe und die Erfahrung, die du durch sie erleben kannst.

Es ist so wichtig, dass in uns ein Gefühl der Dankbarkeit entsteht – jedoch nicht aus Höflichkeit, sondern aus der Tiefe des Herzens heraus.

Wenn wir dankbar sind, lernen wir Wertschätzung und nehmen das Leben bewusster wahr. Wir kommen in Frieden – auch mit uns selbst. Wir werden ruhiger, gelassener und geduldiger.

Schon Meister Eckhart schrieb:

»Wenn das einzige Gebet,
das du in deinem ganzen Leben sagst,
›Danke‹ heißt,
würde das genügen.«

Jeden Tag gibt es so viele Gründe, dankbar zu sein. Sei dankbar, dass du sehen und dieses Buch lesen kannst; dass du hören und dich über den Gesang der Vögel freuen kannst; dass du den Duft der Blumen riechst; dass du das gute Essen schmeckst; dass du die liebevolle Berührung deiner Partnerin oder deines Partners spürst. Auf diese Weise steigerst du deine Zufriedenheit. Denn die Zufriedenheit hängt nicht davon ab, wie viel du hast, sondern wie viel Freude du an dem hast, was du besitzt. Dankbarkeit ist ein Weg zum Lebensglück. Wenn du dankbar bist, bist du auch glücklich.

Aber wir können nicht nur für die schönen und angenehmen Seiten des Lebens dankbar sein. Es ist ja normal, dass wir nicht immer ein gutes Gefühl haben. Wir erleben auch Schicksalsschläge, Enttäuschung, Verletzung, Krankheit oder Trennung und Verlust. Oft

sind wir in dem Moment nicht in der Lage, das Gute darin zu sehen.
Wenn ich auf mein Leben zurückschaue, erfüllt mich jedoch auch eine tiefe Dankbarkeit für die schwierigen Phasen: die Zeiten, in denen ich weder aus noch ein wusste. Gerade die Krisen haben mich mit meinem Herzen verbunden. Gerade durch die Herausforderungen, die Stolpersteine in meinem Leben, habe ich am meisten gelernt und bin in meiner Entwicklung am weitesten vorangekommen.
Ich habe auch die Erfahrung gemacht, dass es immer wieder weitergeht. Egal, wie hoffnungslos es schien, egal, wie sehr ich am Boden war: Von irgendwo kam ein Licht. Und so hatte ich den Mut und die Kraft, wieder aufzustehen und die Dinge mit anderen Augen zu sehen. Dafür bin ich sehr dankbar.
Dankbarkeit hat etwas Befreiendes. Sie befreit mich von dem Zwang, mich mit anderen zu vergleichen und meine Werke und Fähigkeiten über die Leistungen anderer zu stellen. Sie ermöglicht es mir, mich mit dem anderen über das zu freuen, was ihm gelungen ist. Ich brauche weder ihn noch mich abzuwerten oder zu demütigen. Mein Wert geht nicht verloren, wenn ich den Wert des anderen dankbar aner-

kenne. So verbindet mich die Dankbarkeit mit dem anderen.
Dankbarkeit ist jedoch nicht mit Naivität zu verwechseln: Sie lehrt mich einfach, dankbar anzunehmen, was Gott mir geschenkt hat, aber auch bereit zu sein, es wieder loszulassen.

Begegnung

Der Liebe zu begegnen,
ohne sie zu suchen,
ist der einzige Weg,
sie zu finden.

Urheber unbekannt

Wenn man so viel um die Ohren hat, hat man zwar auch Erfolg, aber manchmal fragte ich mich schon, ob das alles im Leben ist. Klar, ich erfüllte meine Aufgaben gern und hatte Freude dabei. Trotzdem hatte ich das vage Gefühl, das Wichtigste fehlte.
Und wie es halt so ist, kam eines Tages ein Anruf von Diethard Stelzl, der auch Seminare in unserem Haus leitet. Er teilte mir mit, dass er beim nächsten Mal eine Assistentin mitbringe.
In dem Moment begann mein Herz schneller zu schlagen.
Ich war überrascht über meine Reaktion und fragte, wer sie denn sei.

Er meinte daraufhin, es handle sich um eine sehr nette und bescheidene junge Ärztin. Ich solle doch bitte ein Zimmer für sie reservieren. Seit diesem Augenblick ging mir der Gedanke an sie nicht mehr aus dem Kopf. Vielleicht meinte es die göttliche Fügung wie so oft wieder gut mit mir.
Ich konnte es kaum erwarten, bis ich »sie« das erste Mal sah. Das war im September 2009. Montagabends traf sie gemeinsam mit den anderen Gästen ein, die in Freiburg mit dem Bus abgeholt wurden.
Ich wusste weder ihren Namen noch wie sie aussah. Als ich sie erblickte, war mir sofort klar: Das musste sie sein! Sie sah aus wie ein Engel, der zur Tür hereingeflogen kam. Innerlich spürte ich: Die hat etwas Besonderes in sich! Ich bot ihr an, den Koffer hochzutragen. Sie aber meinte nur, ich solle lieber den älteren Damen helfen.
Unsere Blicke fanden sich immer wieder. Als Claudia in die Bücherstube kam, fragte ich sie, ob ich sie vielleicht mal in den Arm nehmen dürfe. In diesem Moment spürten wir beide unsere tiefe Verbundenheit. Ich fühlte so eine Wärme. Gott sei Dank dauerte das Seminar zwei Wochen …

Ich spürte, wir hatten eine Seelenverbindung. Um mehr zu erfahren, wandte ich mich an Gerlinde Stelzl, Diethards Frau, die gerade bei uns ein Seminar über Karma-Reading hielt. Beim Mittagessen sprach ich sie an – und sie bestätigte mein Gefühl.

Bei meiner Ansprache am Dienstag der kommenden Woche hatte ich trotz meiner inzwischen guten Sprachkenntnisse leichte Schwierigkeiten. Als ich Claudia im Speisesaal sah und ihre Nähe spürte, fing ich zu stottern an.

Diethard sprach mich an: »Bajram, was ist denn los mit dir? Du machst das doch schon länger. Immer locker bleiben!«

Bei einem gemeinsamen Mittagessen mit ihm – ich war bereits bis über beide Ohren in Claudia verliebt – meinte er: »Du, Bajram, ich glaube, die Claudia mag dich.«

Ich hatte eine so große Sehnsucht, sie zu sehen und ihren Blick wahrzunehmen, dass ich sogar immer wieder – zu Diethards Freude – in seinem Seminar vorbeischaute. Ein paar Gäste spürten, dass irgendetwas im Gange war, aber vor anderen waren wir bewusst zurückhaltend.

Für mich war es ja auch eine komplett neue Situation. Ich wusste gar nicht, wie mein

Umfeld reagieren und sich das Ganze wohl entwickeln würde. Schließlich kam Claudia aus dem relativ weit entfernten Österreich.
Schon wieder lag eine Grenze zwischen mir und meiner großen Liebe! Die alten Erinnerungen holten mich ein. Gott sei Dank hatte ich in der Zwischenzeit die deutsche Staatsbürgerschaft angenommen. Auch der Zoll zwischen Österreich und Deutschland existierte nicht mehr. Zumindest waren derlei Hindernisse beseitigt – was mich verständlicherweise sehr beruhigte. Und so begann erneut ein Lebensabschnitt für mich. Die Zeit der Liebe war nun gekommen. Endlich hatte ich wieder richtig Freude am Leben. Aus ganzem Herzen konnte ich sagen: »Das Leben ist schön!«
Wie wichtig sind unsere Einstellung, unsere Denkweise, unsere Worte und das Gefühl. Wie wir wissen, ist alles Energie. Und jede bestimmte Form der Energie hat auch eine bestimmte Frequenz, die wir mit Geräten sichtbar machen können. Frequenz ist die messbare Geschwindigkeit, mit der etwas vibriert. Alles hat eine bestimmte Schwingungsrate – nicht nur Objekte, sondern auch Gedanken und Emotionen. Je höher die Frequenz, desto mehr schwingt es mit dem Göttlichen.

Jeder von uns kennt das Gefühl, mit etwas in Resonanz zu gehen. Du triffst einen Menschen, den du sympathisch findest, oder liest einen Satz in einem Buch, der dich besonders anspricht. Du bist auf der gleichen Schwingungsebene, der gleichen Wellenlänge. Dadurch verstärkt sich die Intensität und die Frequenz wird höher.
Auch hierbei handelt es sich um das geistige Gesetz der Resonanz, das für jeden von uns gültig ist.
Ich möchte gern ein Beispiel erzählen, um das Ganze leichter verständlich zu machen:
Während der Fußball-Weltmeisterschaft wollten Claudia und ich im Fernsehen das Spiel zwischen Deutschland und Ghana ansehen. Nach kurzer Suche wurde mir bewusst, dass ich den entsprechenden Sender gar nicht habe. Claudia schlug vor, es im Internet zu versuchen. Leider klappte auch das nicht.
An diesem Beispiel will ich zeigen, wie wichtig es ist, dass wir nicht gleich aufgeben. Es bringt auch nichts, sich zu ärgern oder zu verzweifeln, wenn etwas nicht gleich gelingt. Am besten bewahrt man die Ruhe, setzt sich hin und überlegt, was man tun kann. Es gibt immer eine Lösung! Wenn wir unsere Gedanken auf das Ziel ausrichten, finden wir die Lösung.

Im Gespräch, was wir nun machen sollten, kam uns also eine Idee: Wir könnten einfach ausprobieren, den Sender auf unserem Receiver zu suchen und zu programmieren. Claudia probierte zwei-, dreimal – und tatsächlich gelang es ihr, den Sender zu programmieren. Wir freuten uns, der Abend war gerettet.
Bei mir bestätigte sich das Gefühl, wie bedeutend es ist, was wir denken, was wir sagen und was wir dabei fühlen. Wesentlich ist es aber auch, es letztendlich umzusetzen, also zu tun.
Wenn alles Energie ist, sind auch unsere Gedanken Energie. Wenn alles eine bestimmte Frequenz hat, liegt es an dir, an mir, an uns, auf welche Energiefrequenz wir uns ausrichten.
Jeder von uns weiß, dass Energie nicht verloren geht. Sie verändert nur ihre Form. Das sehen wir auch beim Wasser: Je nach Temperatur verändert es sich – vom Eis über die Schneekristalle zur Flüssigkeit und schließlich zum Dampf.
Wenn wir also in unserem Leben etwas Bestimmtes erreichen wollen, ist es wesentlich, dass unsere Gedanken, Gefühle, Worte und Taten übereinstimmen! Dann werden wir auch die Empfindungen des Glücks erleben.
Auf Erden ist es nicht möglich, ständig in diesem Gefühl zu bleiben. Es gibt ja auch nur das

Glück des Augenblicks und nicht des Lebens. Aber wir können versuchen, immer wieder und immer öfter in solchen Augenblicken zu sein und im Hier und Jetzt zu leben. Denn worauf wir unsere ganze Aufmerksamkeit lenken, dahin fließt die Energie.
Auch im Alltag können wir dies wunderbar anwenden: Wenn wir bewusst da sind und etwas ganz bewusst tun, dann richten wir auch unsere Aufmerksamkeit darauf. Egal, was du gerade tust – versuche, das Ganze mit viel Geduld und viel Liebe zu tun.
Dann bist du da präsent, wo das Leben wirklich stattfindet. Denn die Vergangenheit ist vorbei und die Zukunft ist noch nicht geschehen. Dadurch kommen Leichtigkeit, Freude, Gelassenheit, Dankbarkeit und Friede in unser Leben. Ein wundervolles Gefühl!
Gefühle sind entscheidend für unser Leben. Durch unsere Ausrichtung auf ein bestimmtes Gefühl stellen wir uns auch auf eine bestimmte Frequenz ein und ziehen Menschen und Situationen mit der gleichen Frequenz an.
Das bedeutet, es liegt an uns, mit welcher Frequenz wir uns in Verbindung setzen. Wenn wir selbst in der Liebe sind, wenn wir liebevolle Gedanken haben, liebevolle Worte sprechen

und in Liebe handeln – uns selbst zuliebe, aber auch für den Nächsten –, dann wird uns Liebe begegnen.

Viele Menschen sehnen sich nach Liebe. Allerdings vergessen sie dabei, dass sie selbst Liebe sind und Liebe geben können. Solange man im Gefühl der Einsamkeit ist, begegnet einem keine Liebe, da sie eine andere Frequenz hat. Wichtig ist, dass man den Sender richtig einstellt …

Hier und Jetzt

Die wichtigste Stunde
in unserem Leben
ist immer der gegenwärtige Augenblick;
der bedeutsamste Mensch
in unserem Leben
ist immer der,
der uns gerade gegenübersteht;
das notwendigste Werk
in unserem Leben
ist stets die Liebe.

LEO TOLSTOI

Nach Claudias Abreise war das Haus mit fünfzig Gästen ausgebucht und ich hatte viel zu tun. Ich dachte sehr oft an sie und musste einen Weg finden, mich auf die Arbeit zu konzentrieren.

Die Gäste sprachen mich an und fragten, was denn mit mir passiert sei.

Ich antwortete: »Ich habe einen Menschen ge-

troffen, der mich tief in meiner Seele berührt. Ich bin bis über beide Ohren verliebt.«
Um wieder auf den Boden zu kommen, übte ich mit Wolf-Dieter Mantras. Die ganze Woche sangen wir OM. Das tat mir wirklich gut und war ein sehr befreiendes Gefühl. So hatte ich nun eine Möglichkeit gefunden, im Hier und Jetzt zu sein.
Deshalb behielt ich es auch in der kommenden Zeit bei. Morgens beim Aufstehen, beim Spazierengehen, abends vor dem Schlafen – rund um die Uhr sang ich OM. Meine Mitarbeiter konnten es schon nicht mehr hören und fragten, was mit mir los sei.
Ich erkundigte mich bei Wolf-Dieter, ob es eine Pflanze gibt, die es einem erleichtert, im Hier und Jetzt zu sein. Lächelnd sagte er: »Ja, ja, da gibt es schon etwas. Probier es doch einfach mal mit einer Brennnessel.«
In den folgenden Monaten telefonierten Claudia und ich täglich mehrere Stunden. Das Band der Liebe wurde immer stärker, die Telefonrechnungen immer höher und die Geldbörse immer leichter. Dennoch war es eine sehr wichtige und schöne Zeit für uns. Ich spürte es, wenn sie an mich dachte oder mich anrufen wollte. Wenn ich an sie dach-

te, kam kurz darauf eine SMS oder ein Anruf. Manchmal wählten wir auch gleichzeitig.
Wie jedes Jahr schlossen wir ab Mitte November das Haus. Nun hatte ich viel Zeit zum Nachdenken. Da ich nicht nach Österreich ziehen konnte, musste ich wohl oder übel abwarten, wie sich Claudia entscheiden würde.
Es war eine schwierige Phase für mich. Um die Zeit zu überbrücken, meditierte und betete ich sehr viel.
Als ich meinem Bekanntenkreis von meiner Liebe erzählte, stieß ich nicht unbedingt auf Begeisterung: »Warum glaubst du, dass sie zu dir kommen wird? Was soll denn eine junge Ärztin hier in Todtmoos machen? Sie wird doch bestimmt Heimweh kriegen. Außerdem hat sie einen guten Job. Wenn sie das alles aufgibt, liebt sie dich wirklich.«
Trotz allem hatte ich ein gutes Gefühl. Ich gab mein Anliegen nach oben ab und hoffte auf ein baldiges Wiedersehen.
Wenn ich mit anderen Menschen spreche, fällt mir auf, dass viele gar nicht da sind, wo das Leben stattfindet. Ständig reden sie von der Vergangenheit oder von der Zukunft. Aber das Leben findet im Hier und Jetzt statt.

Es gibt nämlich zwei Tage in der Woche, über die wir uns keine Sorgen machen sollten: das Gestern und das Morgen. Schon im Sanskrit heißt es:

»Das Gestern ist nichts als ein Traum
und das Morgen nur eine Vision.
Das Heute jedoch – recht gelebt –
macht jedes Gestern
zu einem Traum voller Glück
und das Morgen
zu einer Vision voller Hoffnung.«

Das ist meiner Meinung nach auch der tiefere Sinn, wenn es in der Bibel heißt: »Werdet wie die Kinder.« Kinder sind spontan und intuitiv und fast immer im Hier und Jetzt. Bei ihnen spürt man noch die Verbundenheit.
Mit der Zeit allerdings, mit den Erfahrungen, die wir machen, den Enttäuschungen, Verletzungen und Ängsten entsteht ein Gefühl der Trennung. Und das begleitet uns dann lebenslang.
Die meisten Menschen sind auf der Suche. Sie findet allerdings im Außen statt. Wenn wir jedoch wirklich etwas finden wollen, kann der Weg nur nach innen gehen. Denn eigentlich

suchen wir uns selbst. Dies ist vermutlich unsere wahre Lebensaufgabe.
Wir werden nur eins mit uns selbst, wenn wir den Mut haben, in die Tiefen unseres Menschseins, in die Abgründe unserer Seele hinabzusteigen.
Deshalb ist es auch wichtig – egal, in welcher Lebenslage wir uns befinden –, dass wir bei uns selbst bleiben. Nur bei uns selbst können wir etwas verändern. Nur so können wir uns weiterentwickeln.
Und wir können darauf vertrauen: Wir sind mit allem und jedem verbunden. Wir sind ein Teil des Ganzen. Und diese göttliche Kraft trägt uns.
Eine einfache und sehr gute Methode, um im Hier und Jetzt zu sein, ist das Lachen. Lachen bricht die Starre. Man ist im Augenblick, ist locker und leicht. Man spürt das Leben, die Leichtigkeit des Seins. Wenn uns das Lachen vergeht, leben wir nicht mehr wirklich.
Wenn ich jeden einzelnen Augenblick wahrnehme, finde ich darin die Fülle. Warte ich aber auf einen außergewöhnlichen Sonnenaufgang, auf besonders herrliches Wetter oder auf eine einzigartige Begegnung, dann werde ich blind für die Schönheit des Augenblicks.

Einfach den Augenblick zu leben – das ist meiner Meinung nach die höchste Kunst des Lebens. Wir dürfen uns erlauben, einfach da zu sein, nur im Hier und Jetzt, ohne etwas leisten zu müssen.

Wenn du ganz im Hier und Jetzt präsent bist, gibt es auch keine verlorene Zeit. Jeder Moment ist erfüllt – ganz gleich, ob du arbeitest oder nichts tust, ob du liest oder Musik hörst, ob du spazieren gehst oder mit deinen Kindern spielst.

Viele Menschen bereiten sich ständig darauf vor, irgendwann einmal wirklich leben zu können – im Urlaub, im Ruhestand –, anstatt das Leben zu ergreifen, das schon da ist. Das Leben findet jetzt statt. Wenn du ganz im Augenblick bist, wirst du entdecken, dass es dir alles bietet: die Fülle des Seins sowie Schönheit und wahres Glück. Wenn du präsent bist, dann lebst du wahrhaftig.

Falls du deine freie Zeit mit Aktivitäten zupflasterst, erlebst du zwar viel, aber du lebst nicht wirklich. Du kannst nicht spüren, was Leben in Wahrheit ist, denn es braucht Ruhe, um die Kraft zu entdecken, die in dir liegt.

Zuerst muss dein Inneres zur Ruhe kommen. Dann wird sich die Ruhe auch auf deinen Körper auswirken.

Die meisten negativen Empfindungen haben auch nichts mit der Gegenwart zu tun. Vergleichsweise selten kommt es vor, dass wir im gegenwärtigen Augenblick einen Grund haben, Furcht oder Angst zu empfinden.
Wir können nur in Frieden leben, wenn wir uns nicht ständig mit dem beschäftigen, was andere Leute sagen und tun. Herzensruhe wird sich nur einstellen, wenn wir mit den anderen versöhnt sind und sie so sein lassen können, wie sie sind.
Sind wir im Frieden mit uns selbst und mit unserer Umgebung, dann leben wir mit der ganzen Schöpfung im Einklang.
Eine andere Möglichkeit, in Einklang zu kommen, wird uns geschenkt, wenn wir in die Natur gehen und diese Schönheit bewusst auf uns wirken lassen. Nun kommen wir mit uns selbst in Berührung. In der Schönheit der Natur schauen wir unser eigenes Wesen.
Laotse, ein großer chinesischer Weiser, schreibt: »Wenn du erkennst, dass es dir an nichts fehlt, gehört dir die ganze Welt.«
In dem Augenblick, in dem ich achtsam durch den Wald gehe und bewusst den Duft der Bäume rieche, bin ich eins mit der ganzen Welt und somit eins mit der göttlichen Energie. In

diesem Augenblick habe ich auch das Gefühl: Alles ist für mich da.
Versuche deine Sorgen zu überwinden, indem du dich auf den gegenwärtigen Augenblick konzentrierst. Richte deine Aufmerksamkeit auf das Gute, das Schöne, das Erfreuliche in deinem Leben. Damit stärkst du diese Aspekte. Denn du siehst und erlebst das, worauf du deine Aufmerksamkeit richtest.

Liebe

Die Liebe ist das größte Geschenk,
das uns im Leben gegeben wurde.
Sie ist die größte Macht,
die alles zu verändern vermag.
Liebe lässt die Härte schmelzen
und gleichzeitig ihre Sanftheit erstrahlen.
Sie ist der Weg der Lösungen;
in ihr finden wir Offenbarung.
Sie braucht keine Gedanken,
denn sie spricht durch unser Herz.
Sie wird niemals müde;
immer ist sie bereit zu geben.
Ist man berührt von der Liebe,
so gibt es nichts, was noch stärker wäre
in diesem Moment.
Sie ist das Ein und Alles
in Gottes wundervoller Schöpfung
und das ewige Tor zur Glückseligkeit
in unseren Herzen.

Urheber unbekannt

Ich hatte überlegt, Claudia in Österreich zu besuchen, aber in diesen Tagen hatte auch mein Sohn Marius Geburtstag und wünschte sich, mich zu sehen. Ich erzählte Claudia davon und fragte sie, ob es nicht sinnvoller wäre, wenn sie wieder zu mir käme.

Auf ihre Antwort durfte ich ein paar Tage warten. Wieder einmal sang ich unzählige Male OM. Dafür freute ich mich umso mehr, als sie mir von ihrer Entscheidung berichtete, Silvester bei mir zu verbringen.

Es war eine wunderbare Zeit, in der wir unsere Liebe noch weiter vertiefen durften.

Ein paar Wochen später lud sie mich ein, eine gemeinsame Woche in Österreich zu verbringen, wo ich auch ihre Mutter und ihre Schwester mit den beiden Jungs kennenlernen konnte.

Ich war überrascht, wie gut die Österreicher Ski fahren. Einen Tag lang versuchte ich ebenfalls mein Glück. Allerdings war ich erleichtert, als ich völlig nass geschwitzt wieder heil unten ankam. Von da an entschied ich mich für die Fahrt mit der Gondel: Hier konnte ich die frische Luft, die tolle Aussicht und die Sonne nach meinem Geschmack genießen. Für mich war klar, Skifahren ist nicht meine Welt.

Ich war fasziniert, wie schön Österreich ist. Claudia hatte eine sehr hübsche Wohnung mit Balkon und Blick auf den Millstätter See. Etwas wehmütig dachte ich an die Worte meiner Bekannten. Womöglich hatten sie ja recht: Claudia hatte doch hier alles. Würde sie das wirklich für mich aufgeben?

Am Tag vor meiner Heimreise gingen wir noch einmal Abendessen. Dabei versuchte ich herauszufinden, was in ihr vorging und welche Ziele sie hatte. Endlich bestätigte sie mir, dass sie mich von ganzem Herzen liebe und auch bereit sei, alles aufzugeben, um zu mir nach Deutschland zu kommen!

Vor lauter Freude und Aufregung konnte ich die ganze Nacht nicht schlafen. Außerdem stand uns bevor, mit Gerlinde und Diethard wegen Claudias Kündigung sprechen zu müssen.

In dieser Nacht war sehr viel Schnee gefallen, sodass ich Diethard am nächsten Morgen dabei half, den Weg freizuschaufeln. Während Claudia kurz ihr Auto wegfahren musste, sprach ich mit Gerlinde. Kaum war Diethard dazugekommen, sagte sie: »Claudia will zu Bajram ziehen!«

Diethard war der Schock wahrlich ins Gesicht geschrieben, aber Gott sei Dank nahm Ger-

linde das Ganze in die Hand. Als Claudia zurückkam, wussten bereits alle Bescheid.
Einerseits fiel mir diesmal der Abschied leichter, weil ich wusste, dass Claudia in ein paar Wochen zu mir ziehen würde. Andererseits vermisste ich sie noch mehr, denn die Liebe war so stark, dass wir uns gar nicht mehr trennen wollten.
Vielen fehlt die Liebe, die Eigenliebe, die Selbstliebe – eigentlich das Wesentliche in unserem Leben. Aber da fängt alles an. Wir können nur jemanden lieben, wenn wir uns selbst lieben. Wir können andere nur schätzen, wenn wir uns selbst schätzen. Wir können nur jemand anderem Freude gönnen, wenn wir selbst Freude empfinden.
Die Liebe hat ihren Sitz im Herzen. Nur mit dem Herzen können wir lieben. Mit dem Verstand können wir dagegen lediglich verstehen und bewerten. Wenn wir wahrhaftig lieben und mit den Augen der Liebe schauen, können wir in allem und jedem das Gute sehen.
Die Liebe ist diejenige Kraft, die alles erschafft und alles erhält. Sie ist das Leben selbst und erfüllt alles mit ihrem Glanz. Die Liebe ist die Essenz, aus der alles Gute entspringt.
Liebe ist ein so wunderbares Gefühl! Es ist

schwierig, sie mit Worten zu beschreiben. Liebe ist der Weg, Liebe ist die Lösung, Liebe ist die stärkste Kraft im Universum. Wenn wir in der Liebe sind, sind wir in Gott.

Und das Schöne dabei ist: Die Liebe geht nur mit der Liebe in Resonanz. Wir sind aus der Liebe entstanden, wir leben für die Liebe und am Ende gehen wir wieder in die Liebe zurück. Sie hat aber auch Auswirkung auf unseren Körper. Allein der Gedanke an Liebe bewirkt in unserem Körper ein Wunder. Unsere Körperzellen freuen sich – und das spürt man auch. Wir werden immer von der Liebe getragen, geschützt und geführt. Wir sind Lichtwesen, göttliche Wesen, Wesen der Liebe. Wenn wir Liebe verschenken, wird sie immer mehr. Liebe erfüllt sich im Geben. Du kennst gewiss den Spruch: »Die Liebe ist das Einzige, was sich vermehrt, wenn wir sie teilen.« Es ist so wichtig, uns dessen bewusst zu sein, dass wir selbst die Quelle der Liebe sind. Die göttliche Liebe ist in uns, hört nie auf und verbindet alles. Sie hält die Zeit an und lässt die Ewigkeit beginnen.

Allem – wirklich allem – sollen wir mit Liebe begegnen. Lebe in Liebe, umhülle dich und alle, die mit dir in Berührung kommen, mit

Liebe. Lass jeden Tag ein Fest der Liebe werden. Erwecke die Liebe immer mehr in deinem Herzen. Lass sie aus deinen Augen strahlen und aus deinen Worten sprechen. Zeig sie in deinen Handlungen, und dir wird noch mehr Liebe zuteil.

Entwickle Herzenswärme, Wohlwollen und Liebe für alle Menschen, Tiere, Pflanzen, für alles, was dich umgibt. Wer Wohlwollen und Liebe ausströmt, auf den strahlen auch Wohlwollen und Liebe zurück.

Versuche nicht, durch Leistung zu glänzen. Leistung erhebt, verbindet aber nicht.

Immer wieder hört man, wie wichtig das Dienen ist, wenn man den spirituellen Weg gehen will. Für viele Menschen ist dieser Gedanke jedoch sehr negativ besetzt.

Meiner Meinung nach geht es darum, aus dem Herzen zu handeln: Dann handeln wir unweigerlich in Liebe. Wenn wir in Liebe handeln, gibt es keine Erwartungen. Die bedingungslose Liebe ist die wahre, göttliche Liebe. Aber wer von uns ist wirklich bereit, bedingungslos zu lieben?

In einer Atmosphäre, in der sich der andere geachtet und kostbar fühlt und seine eigene Schönheit entdeckt, drückt sich auch die

Zärtlichkeit aus. In solch einer Beziehung strömt eine Liebe, die nicht festhält und die keine Besitzansprüche erhebt. Eine Liebe, die loslässt, die achtet, die ein Gespür hat für das Geheimnis des anderen.
Liebe weckt in uns eine Kraft, die uns unser eigenes Geheimnis entdecken lässt. Sie kann unser leeres Herz verwandeln in einen Ort von Licht und Herrlichkeit. Zwischenmenschliche Nähe vermag alles zu heilen.
Darum ändere deine innere Einstellung. Fang an. Fang noch heute damit an, und vieles in deinem Leben wird sich zum Guten wenden. Probier es aus, denn Liebe zu beschreiben, ist schwierig. Sie will in ihrer Einzigartigkeit erlebt werden.

Stille

Die Stille ist die Türe,
die unser inneres Ohr aufschließt,
damit es den wunderbaren Klang
unserer Seele zu hören vermag.

Urheber unbekannt

Nach meiner Heimkehr aus Österreich blieb das Haus noch einige Wochen geschlossen. Wir hatten sehr viel Schnee und so war ich jeden Morgen mit Schneeschaufeln beschäftigt. Aber die körperliche Anstrengung tat mir gut und ich genoss die himmlische Ruhe.

Nun hatte ich auch viel Zeit, in die Stille zu gehen und mich selbst zu finden. Wieder begleitete mich das OM.

Anfang April starb Peter Wenzel, der Gründer unseres Hauses. Ich war betroffen, denn Peter war mir sehr nahe gestanden. Für mich war es eine schwierige Situation. Wie sollte nun die Zukunft des Hauses aussehen?

Gott sei Dank machten zu der Zeit meine Kinder bei mir Urlaub. Sie halfen mir, aus der Tiefe, in die ich zu fallen drohte, wieder herauszufinden. Anfangs war ich komplett kraftlos, und meine Söhne fragten sich, was denn mit mir los sei. In den folgenden Tagen verbrachten wir viel Zeit in der Natur, was uns allen guttat.

Als Marius und Arian wieder nach Hause fahren mussten, kam Claudia zu mir. Auch sie gab mir sehr viel Kraft für die schwierige Phase, die mir bevorstand.

Ich musste mit den Vorstandsmitgliedern mehrere Gespräche über die Zukunft des Hauses führen. Sie waren der Meinung, es wäre die beste Lösung, wenn ich nun den Vorsitz übernähme. Aber bis dahin war noch einiges zu klären. Außerdem mussten die Mitglieder einverstanden sein und mich bei der nächsten Versammlung wählen.

Durch die Situation entstand in mir eine große Anspannung. Noch nie zuvor hatte ich erlebt, dass ich mich selber nicht mehr spüren konnte. Ich war wie betäubt. Ich konnte nichts mehr schmecken, nicht gut riechen, nur sehr schlecht hören und auch mein Augenlicht war sehr getrübt. Eine ganz schlimme Erfahrung

für mich! Es kam sogar so weit, dass ich mich verletzte, weil ich meinen Körper nicht mehr wahrnehmen konnte. Ich fühlte mich innerlich komplett leer und war unfähig, etwas dagegen zu unternehmen.
Am 4. Juli 2010 wurde ich einstimmig zum Vorsitzenden des Vereines gewählt.
Als die Wahl hinter mir lag, dauerte es noch ein paar Tage, bis sich die Anspannung löste und sich mein Befinden normalisierte. Ich begann wieder zu essen und mich besser zu fühlen. Endlich konnte ich auch die Freude über den neuen Lebensabschnitt in mir spüren.
Durch dieses Erlebnis wurde mir klar, wie wesentlich es ist, dass wir im Leben etwas spüren. Wenn wir nichts mehr fühlen, leben wir nicht wirklich. Es ist wichtig, in die Stille zu gehen, zur Ruhe zu kommen und seinen Körper bewusst wahrzunehmen.
Wir brauchen die Stille, um mit dem Glück in Berührung zu kommen, das auf dem Grund unseres Herzens ruht. Nur dann spüren wir die Freude, die in uns liegt. Über die Stille finden wir zu uns selbst. Und die größte Kunst liegt darin, wir selbst zu sein.
Heutzutage wird sehr viel über Spiritualität gesprochen. Im Gespräch mit den Menschen

merkt man, dass es keinesfalls an Wissen mangelt. Was bringt uns allerdings das Wissen, solange wir es nicht in die Tat umsetzen?
Meiner Meinung nach bildet es die höchste Form von Spiritualität, sie auch im Alltag umzusetzen. Das bedeutet, einen Weg zu finden, mit meiner Frau, meinen Kindern, meinen Eltern, meinen Kollegen und meinen Nachbarn zurechtzukommen; eine Ebene des Miteinander zu finden; sich gegenseitig in Frieden zu begegnen.
Die Menschheit hat so viel erreicht, was die äußere, die materielle Entwicklung betrifft. Wir können zum Mond fliegen, wir können beinahe wie die Fische schwimmen … Aber wie schwer fällt es uns oft, mit unseren Nachbarn in Frieden zu leben!
Die Zeit ist da, dass wir an uns selbst arbeiten. Dass wir Mittel finden, zu uns selbst zu kommen und das wahre Wesen in uns zu entdecken: unser göttliches Wesen. Wir alle sind auf dem Weg.
Wir brauchen dazu nicht viel. Wir müssen keine Experten des Yoga sein. Wir brauchen nur einen Ort der Stille, an dem wir unsere Augen schließen, und ein bisschen Mut, uns mit uns selbst zu beschäftigen.

Wir können einfach unsere Aufmerksamkeit auf unsere Atmung legen und schauen, was geschieht. In kurzer Zeit sind wir mit dem Kosmos verbunden. Wir kommen in die Einheit.
Eine andere Möglichkeit ist es, in unseren großen Meditationsraum zu gehen, nämlich in die Natur, in den Wald. Dabei ist es wichtig, langsam, achtsam und bewusst zu gehen. Dadurch wird unsere Wahrnehmung intensiver und es entsteht ein Gefühl der Freiheit, der Leichtigkeit.
Es ist wirklich ein Geschenk, dass wir auf der Erde sein dürfen. Dass wir riechen, sehen, schmecken, fühlen und hören können.
Manche beschreiben die Spiritualität als komplizierten Weg. In einer Zen-Geschichte wird deutlich, dass es nicht darum geht, aus seiner Spiritualität etwas Besonderes zu machen. Stattdessen besteht sie darin, einfach das zu tun, was gerade stimmt:

Drei Zen-Schüler waren in Sorge, welcher ihrer Meister der frömmste sei.
»Meiner ist so fromm, dass er tagelang fasten kann«, sagte der Erste.
»Meiner ist so fromm, dass er nächtelang in der Meditation durchwacht«, sagte der Zweite.

Der Dritte meinte aber: »Mein Meister ist so fromm, dass er isst, wenn er hungrig ist, und schläft, wenn er müde ist.«

Wichtig ist, hier und jetzt zu leben, bewusst den jetzigen Augenblick anzunehmen und das zu tun, was er fordert. Es gibt keine Trennung zwischen »spirituell« und »weltlich«. Vor Gott ist jede Arbeit »spirituell«, die mit einer reinen Absicht und mit Liebe ausgeführt wird.

Führung

Am Morgen denke daran,
wer die Sonne aufgehen lässt,
am Mittag denke daran,
wer dir durch den Tag hilft,
und am Abend denke daran,
dem zu danken,
der dich bis hierher begleitet hat.

Aus Irland

Rückblickend auf mein bisheriges Leben wird mir richtig bewusst, wie ich die ganze Zeit geführt worden bin.
Mit ungefähr fünfzehn Jahren ging ich mit meinen Freunden in ein Restaurant, um etwas zu trinken. Ich fand es ganz toll. Ich war begeistert von dem Ganzen, von den Menschen, wie sie da aßen und tranken. Plötzlich kam mir der Gedanke: »In so einem Haus würde ich auch gerne mal arbeiten.«
Schon damals erzählte ich meinen Freunden,

dass ich eines Tages das Land verlassen werde. Aber sie glaubten, ehrlich gesagt, nicht daran. Ich wusste auch nicht, wie es sich ergeben sollte. Aber das Gefühl war in mir. Ich konnte es selbst nicht erklären. Und das Gefühl war richtig.

Kurz vor Beginn des Krieges in Jugoslawien führte mich mein Weg in die Schweiz. Dort durfte ich meine erste Frau kennenlernen, mit der ich dann in Deutschland lebte. Auch mein Traum, in einem Restaurant zu arbeiten, ging in Erfüllung.

Anhand meiner Lebensgeschichte zeigt sich, wie wir mit der geistigen Welt verbunden sind und geführt werden – jeden Augenblick unseres Lebens. Es ist beeindruckend, wie sich alles zusammenfügt.

Als Kind hat man seine Wünsche und Träume. Man träumt und weiß gar nicht, was einen im Leben alles erwartet. Im Erwachsenwerden ist es dann faszinierend, mitzuerleben, wie unsere Wünsche Schritt für Schritt in Erfüllung gehen. Dabei können wir uns auch darauf verlassen, dass wir genau die Erfahrungen machen werden, die für uns wichtig sind.

Wenn ich mein bisheriges Leben betrachte, hatte ich nicht unbedingt einen leich-

ten Weg. Aber heute bin ich sehr dankbar dafür. Für mich war die Zeit in der Schweiz, in Deutschland und auch hier im »Haus Lichtquell« ein Geschenk. Es hat meiner Seele sehr gutgetan. Die vergangenen achtzehn Jahre hielten viele Überraschungen für mich bereit. Aber wenn ich es mir recht überlege, war alles zu meinem Besten.
Als ich damals als Tellerwäscher und Kofferträger anfing, hätte ich mir nie träumen lassen, dass ich achtzehn Jahre später – am 4. Juli 2010 – zum Vorsitzenden des Vereins gewählt würde. Und eines kann ich mit Sicherheit sagen: Was mir im Leben widerfahren ist, hätte ich nicht besser planen können. Die geistige Welt hat es wunderbar eingerichtet! Mein Herz ist voller Freude, Friede und Liebe, voll Dankbarkeit und Demut.

Haus Lichtquell

Aus dir strahlt Gottes ewige Liebe.
Gottes Friede segnet dich.
Seine Gegenwart erleuchtet jetzt dein Herz,
nun und in Ewigkeit.

LICHTQUELL-SEGEN

Das »Haus Lichtquell« ist als gemeinnütziger Verein eingetragen, der im Jahr 1981 von Peter Wenzel gegründet wurde. Das Seminarzentrum befindet sich in Todtmoos in einem Naturschutzgebiet des Südschwarzwalds. Wir bieten hier verschiedene Wochenseminare auf Spendenbasis an, mit Übernachtung und vegetarischer Kost. Für viele Menschen ist das Haus mittlerweile eine zweite geistige Heimat geworden. Für mich ist es eine Insel der Ruhe, des Friedens und der Harmonie. Man hat die Möglichkeit, zu sich selbst zu finden, in die Stille zu gelangen, das Göttliche in sich zu entdecken, den Weg des inneren Friedens zu gehen, Seelenheilung zu erfahren und auch Energie zu tanken, um das Leben selbst zu meistern.

Zum Schluss möchte ich dir meine Wünsche mit auf den Weg geben:

Ich wünsche dir,
dass du den einen oder anderen Impuls
in diesem Buch annehmen kannst,
um dadurch eine zusätzliche
Sichtweise zu erhalten.

Ich wünsche dir,
dass du das Glück in deinem Herzen spürst,
denn Glück ist Ausdruck eines erfüllten
und sinnvollen Lebens.

Ich wünsche dir,
dass du die Heilkraft der Liebe
in dir fließen lässt,
denn dies ist ein großes göttliches Geschenk.

Ich wünsche dir,
dass du dein Selbstvertrauen stärkst,
damit du dein Leben so leben kannst,
wie du es für richtig hältst.

Ich wünsche dir,
dass du in allem, was dir im Leben widerfährt,
den tieferen Sinn entdeckst,
denn alles ist gut, so wie es ist.

Ich wünsche dir,
dass du die Herausforderungen
in deinem Leben meisterst,
weil du gestärkt daraus hervorgehen wirst.

Ich wünsche dir,
dass du die unermüdliche Hoffnung
in dir trägst,
damit du Tag für Tag
deine Träume wahr machen kannst.

Ich wünsche dir,
dass du die Freude in deinem Herzen entdeckst,
denn dadurch kommst du mit deiner Kraft
und deiner Lebendigkeit in Berührung.

Ich wünsche dir,
dass du auch in schwierigen Zeiten
den Weg des Herzens gehst,
denn dann kommt das Licht in dir
verstärkt zum Ausdruck.

Ich wünsche dir,
dass du die Gefühle des Glücks
und der Zufriedenheit in dir stärkst,
damit du dein Leben
wahrlich als lebenswert empfindest.

Ich wünsche dir,
dass du an dich selbst glaubst,
da dies die Grundlage für deinen Erfolg ist.

Ich wünsche dir,
dass du mit deinem Herzen sprichst, hörst,
siehst, fühlst, denkst und handelst,
denn dein Herz zeigt dir den Weg zum Glück.

Ich wünsche dir,
dass du alles wahrnimmst,
wofür du dankbar sein kannst,
denn Dankbarkeit ist das Fundament der Liebe.

Ich wünsche dir,
dass du jeden einzelnen Augenblick
bewusst wahrnimmst,
denn das Leben findet im Hier und Jetzt statt.

Ich wünsche dir,
dass du erkennst,
dass dein wahres Wesen Liebe ist,
denn sie ist in dir,
hört nie auf und verbindet alles.

Ich wünsche dir,
dass du dir die Zeit nimmst,
in die Stille zu gehen,
um zu dir selbst zu finden
und das Göttliche in dir zu entdecken.

Ich wünsche dir,
dass du bewusst die Führung
der göttlichen Welt erlebst,
da jeder von uns
von der göttlichen Kraft getragen wird.

Ich wünsche dir,
dass du die Dinge so sein lassen kannst,
wie sie sind,
denn dadurch wirst du frei –
frei für neue Erfahrungen.

Übungen und Meditationen für den Alltag

Nicht unsere Gedanken und Meinungen sind entscheidend, sondern unser Handeln im Alltag bestimmt, ob wir glücklich sind oder nicht.
Wir können noch so viele tiefsinnige Bücher von spirituellen Lehrern lesen oder stundenlang meditieren – wenn es keine Auswirkungen auf unser Handeln hat, wird sich an unserem Leben nichts ändern.
Das Ziel der folgenden Übungen und Meditationen besteht darin, den Geist ins Hier und Jetzt zu bringen sowie zu Ruhe und Klarheit zu gelangen. So wie das trübe Wasser klar wird, wenn du es zur Ruhe kommen lässt, so wird auch deine Verhaltensweise klar, wenn sich dein aufgeregter Geist beruhigt.
Schenke dir zu Beginn jeder Übung ein inneres Lächeln und nimm eine wohlwollende Haltung dir selbst gegenüber ein. Und dann übergib dich für ungefähr zehn bis fünfzehn Minuten deiner eigenen liebevollen Achtsamkeit.

Im eigenen Körper ankommen

Unser Körper ist ein kostbares Geschenk, das wir sorgsam pflegen sollten. Nur allzu oft sind wir so sehr in Gedanken, dass wir unseren Körper gar nicht spüren. Erst wenn er sich durch Unwohlsein oder Schmerzen bemerkbar macht, nehmen wir ihn wieder wahr.

Leg dich auf den Rücken, schließ deine Augen und atme ganz ruhig. Spüre, wo dein Körper die Unterlage berührt. Geh mit deiner Aufmerksamkeit zu deinem rechten Fuß. Wie fühlt er sich an? Nimm alles wahr, ohne es zu bewerten. Geh ganz langsam weiter – über die Wade und das Kniegelenk hoch bis zur Hüfte. Dann mach das Gleiche mit deinem linken Bein. Wenn du bei der linken Hüfte angelangt bist, konzentriere dich auf deinen Unterleib und wandere dann weiter zum Bauch und zum Brustbereich. Folge dem Verlauf deiner Wirbelsäule von unten bis oben. Spüre auch in deine Arme, Hände und Finger. Zum Schluss geh mit deiner Aufmerksamkeit zu deinem Kopf.

Was nimmst du wahr? Sind es Spannungen, ein Kribbeln, Wärme oder Kälte? Was auch immer es ist, nimm es liebevoll an.

Achtsam den Tag beginnen

Meist hängen wir beim morgendlichen Duschen noch unseren Träumen nach oder machen uns bereits Gedanken über den vor uns liegenden Tag.
Versuch es doch einmal anders: Nimm jede Kleinigkeit beim Duschen bewusst wahr. Wie fühlt sich die Armatur an? Wie empfindest du das Wasser auf deiner Haut? Wo tut es dir besonders gut? Ist dir warm, wenn du das Wasser zwischendurch abdrehst, um dich in Ruhe einzuseifen, oder frierst du? Massiere dich sanft mit dem Duschgel und genieße jede deiner Berührungen. Pflege deinen Körper ganz liebevoll, anstatt ihn nur automatisch und unbewusst zu waschen.
Beende dieses kleine Morgenritual, indem du dich achtsam abtrocknest und vielleicht noch eincremst.
Achtsam sein bedeutet, wach zu sein. Es bedeutet: zu wissen, was wir tun.

Bewusst im Hier und Jetzt sein

Wir alle möchten unser Leben möglichst gut leben. Aber dafür ist es wichtig, dort zu sein, wo das Leben stattfindet, nämlich im Hier und Jetzt. Viel zu oft sind wir mit unseren Gedanken gar nicht bei dem, was wir gerade tun.
Nimm dir einmal vor, bei deinem nächsten Spaziergang bewusst die Bäume zu betrachten, den Duft der Blumen zu riechen und dem Zwitschern der Vögel zuzuhören.

Egal, was du machst – ob du wandern gehst, auf deinem Balkon die Nachmittagssonne genießt oder dich der Hausarbeit widmest: Schenke dem, was du tust, deine volle Aufmerksamkeit und nimm wahr, wie du dich dabei fühlst.

Bleib jedoch nicht bei den Gedanken und Gefühlen hängen, die in dir aufsteigen. Nimm sie wahr, ganz ohne Bewertung, und kehre dann wieder ins Hier und Jetzt zurück.

Sich freiatmen

Unser Atem spiegelt unser seelisches und körperliches Befinden. Manchmal sind unsere Atemzüge lang und tief und dann sind sie wieder kurz und oberflächlich – je nachdem, wie wir uns gerade fühlen.
Die Konzentration auf unseren Atem hilft uns, im Hier und Jetzt anzukommen und zu uns selbst zu finden.

Setze dich bequem hin, schließ deine Augen und atme ganz natürlich. Konzentriere dich auf deinen Atem, jedoch ohne ihn zu beeinflussen.
Beginne dann, den Atemvorgang zu benennen: Wenn du einatmest, sage innerlich: »Ein …«, und wenn du ausatmest, sage: »Aus …« Folge dabei dem Rhythmus deines Atems.
Beobachte, wie sich deine Atmung ohne dein aktives Zutun verändert – wie sie ruhiger und entspannter wird.
Beende die Übung mit ein paar bewussten, tiefen Atemzügen.

Sich durch Zählen konzentrieren

Du würdest gerne meditieren, aber es geht dir so vieles durch den Kopf, dass du einfach keine Ruhe findest? Mit der folgenden Übung kannst du deinen unruhigen Geist zumindest für eine gewisse Zeit überlisten.

Setze dich mit aufrechter Wirbelsäule bequem hin und spüre den Boden unter dir, deine Verwurzelung mit der Erde, aber auch deine Verbindung nach oben, so wie die Äste eines Baumes zum Himmel streben.
Richte deine Aufmerksamkeit auf deinen Atem: Ist er tief oder oberflächlich? Spürst du ihn in der Nase, im Brustraum oder im Bauch? Lass ihn frei fließen, ohne ihn zu beeinflussen.
Beginne jetzt, deine Atemzüge zu zählen. Wenn du bei zehn angelangt bist, fang wieder von vorne an. Durch die Konzentration auf das Zählen verhinderst du, dass deine Gedanken einfach abschweifen.

Wolken ziehen lassen

Bist du verärgert, weil jemand anderer Meinung ist oder dich ungerecht behandelt hat? Machst du dir Sorgen und kannst keinen klaren Gedanken mehr fassen? Dann ist die folgende Übung sehr hilfreich, um wieder ins Hier und Jetzt zu kommen.

Setze dich mit aufrechter Wirbelsäule bequem hin, schließ die Augen und konzentriere dich auf deinen Atem. Genieße die Stabilität und die Würde, die dieser Sitz dir verleiht. Es gibt nichts, was dich umwerfen könnte.
Lass dann bewusst zu, dass die belastenden Gedanken und Gefühle erscheinen. Schau sie genau an, ohne sich in sie zu vertiefen. Stell dir vor, sie werden von einer Wolke eingehüllt und schweben einfach davon. Wehre sie nicht ab, sondern hülle sie sanft in helle Wolken und lass die Wolken ziehen.

Spüre das Gefühl der Leichtigkeit, das sich immer mehr in dir ausbreitet.

Immer mit der Ruhe

Gehörst du auch zu den Menschen, denen alles zu langsam geht, die meist im Laufschritt unterwegs sind?
In unserer Gesellschaft ist Tempo gefragt, aber oft ist es effektiver und auf jeden Fall gesünder, Aufgaben ruhig und achtsam zu erledigen. Denn Ruhe bringt Gleichgewicht und Leichtigkeit – was zu innerem Frieden und Gelassenheit führt.
Versuch doch von jetzt an, ausreichend Zeit einzuplanen und dich ganz auf das zu konzentrieren, was du machst. Sobald du merkst, dass deine Gedanken abschweifen oder dass du dich verspannst, atme einige Male bewusst ein und aus, schließ für einen Moment die Augen und komm wieder in der Gegenwart an.

Gerade bei Stress im Beruf oder im Privatleben ist es wichtig, regelmäßig Ruhepausen einzulegen und zu sich zu kommen. Hierfür eignet sich die Meditation.
Falls du anfangs jedoch zu unruhig für eine Übung im Sitzen bist, wäre die folgende Gehmeditation eine gute Alternative.

Sich Zeit geben

Für Menschen, die sich lieber bewegen, und jene, die sowieso den ganzen Tag sitzen müssen, sei neben der Sitz- auch die Gehmeditation empfohlen, um in einen ruhigen, konzentrierten Zustand zu gelangen.

Suche dir eine Strecke, wenn möglich in der Natur, auf der du ungehindert etwa zwanzig kleine Schritte auf und ab gehen kannst. Am besten gehe barfuß, damit du den Boden unter dir spüren und Kontakt zur Erde aufnehmen kannst. Lass deine Arme vollkommen locker, nicht angewinkelt.
Mach einige ruhige Atemzüge und verlagere dann dein Gewicht auf ein Bein. Hebe das andere langsam vom Boden weg und setz es etwas weiter vorne wieder ab. Spüre bewusst in deinen Körper hinein und richte deine ganze Aufmerksamkeit auf das Gehen.
Schreite auf diese langsame, bewusste Art bis ans Ende der Strecke. Dreh dich dort um und bleib einen kurzen Moment stehen, bevor du weitergehst.

Sich selbst ein Lächeln schenken

Es ist wichtig, sich selbst kritisch betrachten zu können. Noch viel wichtiger ist es aber, sich selbst zu lieben und zu achten. Dein Geist kann nur zur Ruhe kommen, wenn du Zuneigung und Mitgefühl für dich selbst empfindest, das heißt, wenn du dich selbst liebevoll annimmst.

Setz oder leg dich bequem hin, schließ deine Augen und atme ganz natürlich. Zieh deine Mundwinkel leicht nach oben, sodass ein Lächeln auf deinem Gesicht entsteht, an dem auch deine Augen beteiligt sind.
Wandere mit deiner Aufmerksamkeit langsam von unten nach oben durch deinen Körper. Spüre, wo du dich wohlfühlst und wo vielleicht Spannungen oder gar Schmerzen sitzen. Was auch immer du fühlst: Lächle dir innerlich liebevoll zu. Alles ist gut so, wie es ist. Du brauchst nichts zu leisten, nichts zu verändern. Sei einfach da.
Leite das innere Lächeln durch deinen ganzen Körper und fülle ihn mit deiner eigenen Zuneigung und Herzenswärme. Genieße dieses Gefühl und nimm es mit in den Alltag.

Selbstvertrauen entwickeln

Beim Meditieren steigen manchmal Gefühle auf, die wir lieber nicht hätten und deshalb gern verdrängen oder unterdrücken möchten. Stattdessen sollten wir die Chance nutzen, die Gefühle bewusst zu erleben, sie anzunehmen und zu verarbeiten.

Spüre während der Meditation genau, was in deinem Körper passiert und wie sich die Gedanken und Gefühle auswirken.
Wenn du möchtest, kannst du sie anschließend notieren. Schreib auf, welche Ängste und Selbstzweifel dich plagen und was im schlimmsten Fall passieren könnte. Dadurch nimmst du dem Ganzen meist schon die Dramatik.
Notiere aber auch, was in deinem Leben alles gut läuft und welche Fähigkeiten du hast, um schwierige Situationen zu meistern.
Erinnere dich an Situationen, die dein Selbstvertrauen gestärkt haben, und nimm dieses Gefühl mit in deinen Alltag.

Nichts bleibt, wie es ist

Es bringt nichts, wenn wir in schwierigen Lebenssituationen mit unserem Schicksal hadern. Das Auf und Ab des Lebens ist ein ganz natürlicher Prozess, den wir am besten einfach akzeptieren. Es gibt kein Leben ohne Tiefen, und fast grundsätzlich folgt anschließend wieder ein Aufschwung.

Geh in deiner Erinnerung zurück bis in deine Jugendzeit und versuch nachzuempfinden, wie du dich fühltest, als du das erste Mal verliebt warst, aber auch als du Liebeskummer hattest. Erinnere dich an die Erfolge und Misserfolge während deiner Schulzeit oder in deinem Alltagsleben. Wie bist du damit umgegangen? Was hat dir geholfen? War es schlimm für dich, nicht sofort eine Lösung für deine Probleme parat zu haben?

Dieses Annehmen ist sicher eine der größten Herausforderungen, doch vielleicht hilft dir der Rückblick, mehr Geduld und Vertrauen zu entwickeln.

Dem Klang der Stille lauschen

Unsere Welt ist voller Geräusche. Oft haben wir den Eindruck, dass sie uns beim Meditieren stören. Bei dieser Übung konzentrieren wir uns allerdings einmal ganz bewusst aufs Hören.

Setz oder leg dich bequem hin, schließ deine Augen und atme ganz natürlich. Nimm bewusst Kontakt zum Boden auf, der dich trägt. Wenn du zur Ruhe gekommen bist, richte deine Aufmerksamkeit auf all die Geräusche, die du wahrnehmen kannst. Vielleicht hörst du Schritte, Stimmen, Motorengeräusche oder eine Waschmaschine? Vielleicht aber auch Musik oder Vogelgezwitscher? Nimm einfach wahr, was du hörst, ohne es zu bewerten.
Falls die Schritte deiner Nachbarin dich dazu verleiten, darüber nachzudenken, was sie wohl gerade macht, führe deine Aufmerksamkeit sanft, aber bestimmt wieder zum Hören zurück. Achte nur auf den Klang der Geräusche und ihre Resonanz in deinem Körper. Fühle, wo du die unterschiedlichen Frequenzen wahrnimmst.

In der Natur achtsam sein

Wann bist du das letzte Mal allein spazieren gegangen? Ein achtsamer Spaziergang in der Natur gleicht dem Eintauchen in eine Energiequelle, die uns zur Ruhe und zu uns selbst bringen und gleichzeitig für den Alltag stärken kann.
Du musst gar nicht weit gehen und auch nicht jedes Mal woandershin. Es kann sehr schön sein, regelmäßig dieselbe Stelle aufzusuchen und ihre Veränderungen im Lauf der Jahreszeiten bewusst wahrzunehmen.

Such dir ruhige Plätze, die du als kraftvoll empfindest und an denen du dich wohlfühlst: einen speziellen Baum, einen Teich, einen Bach oder vielleicht sogar einen Wasserfall in deiner Nähe.
Stelle oder setze dich für eine Weile ruhig hin, spüre deinen Atem und lass die Schönheit und die Kraft der Natur auf dich wirken. Werde dir bewusst, dass du selbst ein Teil dieser Natur bist.

Liebe und Akzeptanz erfahren

Kennst du Tage, an denen du dich selbst nicht leiden kannst? Irgendwie hast du das Gefühl, dass einfach alles schiefläuft und dich keiner versteht?
In solchen Phasen können Erinnerungen an Situationen aus deinem Leben, in denen du dich wirklich geborgen und akzeptiert gefühlt hast, sehr stärkend wirken.

Setz oder leg dich bequem hin, schließ deine Augen und atme ganz ruhig und natürlich.
Geh in Gedanken zurück in deine Kindheit und suche eine Situation mit einem Menschen, in der du dich ganz sicher und geborgen gefühlt hast. Eine Situation, in der du nichts leisten musstest, um geliebt zu werden.
Genieß es und spür, wie sich deine Muskeln entspannen und wie du vielleicht unwillkürlich zu lächeln beginnst.
Erlebe diese wunderbare Erfahrung des Akzeptiertwerdens ganz bewusst und nimm dieses Gefühl mit in deinen Alltag.

Einfach genießen

Verbindest du spirituelle Übungen eher mit Askese und Verzicht als mit Genuss? Durch gelebte Achtsamkeit kannst du jedoch sogar eine Art Genuss in dein Leben bringen, der dir vorher vielleicht verborgen war.

Gönne dir täglich mindestens eine Genusspause. Nicht als Belohnung für eine besondere Leistung, sondern weil du es wert bist.
Hör ein Musikstück ganz bewusst und spür die Resonanz der Töne in deinem Körper und deiner Seele.
Such dir eine schöne Blume und genieß ihren Anblick und Geruch.
Gönne dir ein paar reife Beeren, ein Stück Schokolade oder leckere Nüsse. Betrachte sie, fühl ihre Struktur, leg sie auf deine Zunge, zerdrücke oder zerbeiße sie ganz langsam und nimm wahr, wie der Geschmack sich entfaltet.
Auch deine Mahlzeiten kannst du zu einem richtigen Genusserlebnis werden lassen, indem du dir die Zeit nimmst und dich bewusst dem Essen widmest.

Das Herz erblühen lassen

In allen spirituellen Traditionen gibt es Meditationen, deren Ziel es ist, das Herz zu öffnen und liebevoller mit sich selbst und anderen umzugehen.

Setze dich mit aufrechter Wirbelsäule bequem hin. Damit sich der Brustraum öffnen kann, achte darauf, dass die Schultern nicht nach vorne fallen. Schließ deine Augen und atme ganz natürlich.
Wenn du zur Ruhe gekommen bist, lenke deine Aufmerksamkeit auf deinen Herzbereich. Visualisiere hier die Knospe einer schönen Blume – einer Blume, die deine Seele berührt. Lass deinen Atem die Knospe ganz zart umschmeicheln und wärmen, gib ihr Licht und all deine Liebe.
Beobachte, wie sich die Blüte langsam öffnet und immer größer wird, bis sie deinen ganzen Brustraum ausfüllt. Spür die Zartheit und Verletzlichkeit der Blütenblätter, aber auch die Lebenskraft, die Energie, die in dieser Blüte und in deinem Herzen stecken, und nimm dieses Gefühl mit in deinen Alltag.

Schenken bringt Freude

Oft erwarten wir, dass wir von anderen etwas geschenkt bekommen, das wir haben wollen. Aber hast du schon einmal die Erfahrung gemacht, wie einfach es ist, dir selbst eine Freude zu bereiten, indem du jemand anderem etwas schenkst?
Vielleicht ist es ein freundlicher Gruß oder ein nettes Lächeln für den launischen Nachbarn. Möglicherweise würde es deinem Arbeitskollegen mal guttun, wenn du ihm zuhören würdest. Wann hast du deiner Frau beziehungsweise deinem Mann zuletzt ein Kompliment gemacht? Wolltest du jemanden schon länger einmal zum Kaffee einladen oder ihm eine Blume schenken? Sag doch wieder einmal deiner Partnerin oder deinen Kindern: »Es ist schön, dass es euch gibt. Ich liebe euch!«
Mach dir die wohltuende Wirkung dieser einfachen Übung bewusst, indem du abends noch einmal nachspürst, wie du dich dabei gefühlt hast.
Aber tu oder sag nichts, was du nicht ehrlich meinst. Handle immer aus deinem Herzen heraus.

Hausarbeit als Meditationsübung

Auch einfache körperliche Tätigkeiten bei Haus- und Gartenarbeit kannst du für das Achtsamkeitstraining nutzen.
Meist kreisen unsere Gedanken um die Vergangenheit oder um die Zukunft, während wir mehr oder weniger unwillig abwaschen, Staub saugen, bügeln oder das Laub zusammenfegen. Mit Achtsamkeit ausgeführt, wirken diese Tätigkeiten jedoch meditativ.

Beginne diese Arbeitsmeditation ganz bewusst. Achte auf deine Atmung und auf eine Körperhaltung, die sich gut anfühlt. Geh freudig an deine Aufgabe und schenke dir ein inneres Lächeln.
Versuch es so zu sehen, dass es für dich im Moment nichts Besseres zu tun gibt als genau diese Arbeit und dass sie dir dabei hilft, deine Achtsamkeit zu schulen.
Sei also ganz bei der Sache und beende die Meditation schließlich ebenso bewusst, wie du sie begonnen hast.

Eigene Erwartungen überprüfen

Jede Enttäuschung, so bitter sie im Moment auch sein mag, hält die Chance für eine Erkenntnis bereit. Denn enttäuscht sind wir nur, weil wir etwas anderes erwartet hatten.
Enttäuschungen gehören zu unserem Leben und bringen uns auch in unserer Entwicklung voran. Es funktioniert nicht, gar nichts zu erwarten, nur um nicht enttäuscht zu werden. Viel sinnvoller ist es dagegen, sich seine eigene Erwartungshaltung bewusst zu machen.

Von welchen Menschen – dich selbst eingeschlossen – oder Situationen warst du in den letzten Tagen enttäuscht? Was hat dich geärgert oder verletzt? Wie hast du darauf reagiert? Bewerte dein Verhalten nicht, sondern nimm die Position des wohlwollenden Beobachters ein.
Was hattest du erwartet? Hast du diese Erwartungen vorher mitgeteilt? Warst du realistisch? Was hättest du anders machen können?

Schau dir deine Enttäuschungen unter diesen Gesichtspunkten genau an. So hast du die Möglichkeit, deine Erwartungen an der Realität auszurichten.

Mit Schmerzen umgehen

Nicht jeder körperliche Schmerz lässt sich durch Meditation auflösen. Doch bei vielen Beschwerden, besonders bei chronischen Schmerzen, ist Meditation auf jeden Fall einen Versuch wert.
Aus Erfahrung wissen wir, dass man körperliche Schmerzen schlimmer empfindet, wenn man ihnen mit innerem Widerstand begegnet. Eine annehmende Haltung kann sie hingegen in manchen Situationen lindern oder sogar auflösen.
Setz oder leg dich bequem hin, schließ deine Augen und konzentriere dich auf deinen Atem. Wenn du zur Ruhe gekommen bist, geh mit deiner Aufmerksamkeit von unten nach oben durch deinen Körper und wende dich dann der schmerzenden Stelle zu. Wie fühlt sich der Schmerz an? Ist er heiß oder kalt, pochend, stechend oder eher dumpf? Betrifft er nur eine Stelle oder breitet er sich diffus aus? Erforsche diesen Schmerz ganz genau und schi-

cke in deiner Vorstellung deinen Atem und dein inneres Lächeln dorthin. Verändert sich der Schmerz? Wandert er oder wird er schwächer? Nimm die Situation so an, wie sie ist.
Falls der Schmerz durch das Hineinatmen eher stärker wird, ist oft eine andere Technik sehr hilfreich, bei der man seine Aufmerksamkeit vom Schmerz weg und hin zu einem angenehmen Ort im Körper lenkt. Selbst wenn wir Schmerzen haben, gibt es doch fast immer irgendwo im Körper einen Bereich, der sich gut anfühlt:
Atme ruhig und tief. Wandere in deiner Vorstellung langsam von unten nach oben durch deinen ganzen Körper und suche nach einer Stelle, die sich warm, entspannt, lebendig und kraftvoll anfühlt. Entscheide dich für die Stelle, an der du dich am wohlsten fühlst.
Wenn deine Aufmerksamkeit immer wieder zu deinem Schmerz gezogen wird, führe sie sanft, aber bestimmt, zurück zu dem wohltuenden Ort in deinem Körper und genieße dessen heilsame Eigenschaften.
Auch wenn der Schmerz nicht ganz verschwindet, entziehst du ihm doch die Aufmerksamkeit und schaffst durch die angenehme Stelle ein Gegengewicht.

Sich von Ballast befreien

Unsere Gesellschaft ist von Konsum geprägt, vom ständigen Haben- und Behaltenwollen. Glücklich macht uns das meist nicht – im Gegenteil, es belastet uns sogar. Wir können nie so viel haben, dass wir dadurch glücklich werden, denn letztlich ist nichts von Dauer. Deshalb sollten wir uns immer wieder bewusst im Loslassen üben.

Für jeden von uns ist es wichtig, von Zeit zu Zeit die Wohnung zu durchforsten, mitsamt dem Keller und dem Dachboden. Wahrscheinlich wirst du dabei Dinge entdecken, von denen du dich leicht trennst, aber auch andere, bei denen es dir schwerer fällt. Überprüfe, was du wirklich behalten möchtest und was nicht. Mach dir bewusst, womit du dich umgibst und vielleicht sogar belastest. Ob das nun Bücher sind, Kleidungsstücke, Schuhe, alte Liebesbriefe oder Fotos.

Mach aus dem Wegwerfen oder Verschenken ein kleines Ritual des Loslassens, indem du jeden Gegenstand noch einmal würdigst und dich von ihm verabschiedest. Spüre, ob du dich danach freier fühlst.

Einfach da sein

Zu meditieren, ohne sich auf etwas zu konzentrieren, ist sicher eine der anspruchsvollsten Formen von Meditation. Es kann jedoch ein wunderbares Gefühl der Weite und Freiheit vermitteln.

Begib dich in eine Sitzposition deiner Wahl und schließ deine Augen. Nimm wahr, wie du sitzt, spür in deinen Körper hinein und atme ruhig und natürlich. Genieße, wie dein Atem fließt, wenn du ihn nicht willentlich steuerst oder veränderst. Betrachte dein Leben als Fluss, dem du dich anvertraust, ohne ihn kontrollieren zu können.
Nimm nun so viel wie möglich wahr, ohne bei irgendetwas länger zu verweilen. Fühle das Heben und Senken der Bauchdecke. Beobachte, wie die Gedanken und Gefühle kommen und gehen. Es gibt nichts zu tun. Lass einfach alles los und spüre, wie sich die Grenzen zwischen dir und dem Außen aufzulösen beginnen.
Beende die Übung mit einigen tiefen Atemzügen.

Alle spirituellen Methoden sind nur Mittel,
um Herzenswärme, Mitgefühl und Dankbarkeit
auf dem Weg zu entwickeln.

Jack Kornfield

Danksagung

Aus tiefstem Herzen bedanke ich mich bei meiner Lebensgefährtin Dr. med. Claudia Matzenberger, durch die ich die Möglichkeit bekommen habe, dieses Buch zu schreiben.

Ich bedanke mich bei meiner Familie, insbesondere meiner Schwester Hysnie sowie meinen Söhnen Marius und Arian.

Danke sagen möchte ich auch all jenen, die mich inspiriert, unterstützt und immer wieder dazu ermutigt haben, meinen Wunsch, dieses Buch zu schreiben, in die Tat umzusetzen. Dazu gehören vor allem Gerlinde und Dr. Diethard Stelzl, Dr. Wolf-Dieter Storl, Dr. Hildegard Kalliner, Marie-Louise Mayr und Marianne Ott.

Von ganzem Herzen möchte ich mich auch bei den lichtvollen Helfern aus der geistigen Welt bedanken, dass ich so bewusst erleben darf, wie sehr sie mich von Anfang an beschützt, geführt und begleitet haben.

Seminare

Bajram Leka bietet ab 2011 gemeinsam mit Dr. med. Claudia Matzenberger Seminare im »Haus Lichtquell« an.

Voraussetzung, um das Leben zu meistern, ist, die Liebe zu leben und das Leben zu lieben.
Gemeinsam beleuchten wir verschiedene Aspekte, die uns zur Liebe führen – uns selbst und auch anderen gegenüber. Dazu gehören zum Beispiel Vertrauen, Loslassen, Dankbarkeit, Freude und Heilung.
Anhand von Vorträgen, Gesprächen, Übungen und Meditationen werden wir zu uns selbst finden, unser Herz öffnen und die Freude in uns entdecken. Vor allem werden uns Möglichkeiten aufgezeigt, dies auch in unserem Alltag umzusetzen und bewusst die Kraft zu spüren, die uns trägt. Wir versuchen, das Leben zu leben, wo es stattfindet – im Hier und Jetzt.
Um das Gefühl der Verbundenheit mit der Natur zu stärken, unternehmen wir gemein-

sam Wanderungen und lauschen abends dem Knistern des wärmenden Feuers.

Nähere Informationen findest du im Internet unter www.lichtquell.de.

Haus Lichtquell
Hochkopfstraße 2
D-79682 Todtmoos
E-Mail: kontakt@lichtquell.de
Telefon: 0049 (0) 7674 594

Über den Autor

Bajram Leka, geboren 1967 im Kosovo,
Physikstudium in Prishtina im Kosovo,
Heilpraktikerausbildung in Deutschland,
lebt seit 18 Jahren in Deutschland,
seit 2007 Geschäftsführer und
seit 2010 Vorsitzender des Seminarzentrums
»Haus Lichtquell« in Todtmoos/Südschwarzwald,
langjährige Erfahrung in der Heilarbeit.

Bajram Leka
Kurs in Liebe

Meditationen
€ [D] 12,95
Musik: Sayama

ISBN 978-3-86728-149-2

5 geleitete Meditationen. Gesprochen von Bajram Leka und Dr. med. Claudia Matzenberger

- Im eigenen Körper ankommen
- Das Herz erblühen lassen
- Einfach da sein
- Mit Schmerzen umgehen
- Dem Klang der Stille lauschen

Nicht unsere Gedanken und Meinungen sind entscheidend, sondern unser Handeln im Alltag bestimmt, ob wir glücklich sind oder nicht.
Das Ziel dieser Übungen und Meditationen besteht darin, den Geist ins Hier und Jetzt zu bringen sowie zu Ruhe und Klarheit zu gelangen.

Märchen von Wolf-Dieter Storl

Wolf-Dieter Storls Erzählkunst ist einzigartig. Mit klangvoller Stimme lässt er Bären, Raben und Zwerge sprechen, sodass sie vor dem inneren Auge der Zuhörer lebendig werden. Mit einem schier unerschöpflichen Wissen über Pflanzen, Mythen, Kelten und Germanen verwebt er Märchen und Weisheiten.

Frau Holle und andere Pflanzenmärchen
ISBN 978-3-86728-053-2

Schneeweißchen & Rosenrot und andere Pflanzenmärchen
ISBN 978-3-86728-070-9

Aschenputtel und andere Pflanzenmärchen
ISBN 978-3-86728-069-3

Jeweils € 12,95